Ne m'appelle plus jamais maman !

Ne m'appelle plus jamais maman !

PETER KILBY
AVEC JANE SMITH

Traduit de l'anglais (Royaume-Uni)
par Hélène Tordo

City
Témoignage

Publié en Grande-Bretagne par Penguin sous le titre
Never call me mummy again
Couverture : © Franck Courtès / Agence Vu / Penguin

ISBN : 978-2-8246-0641-5
Code Hachette : 17 1895 9
Rayon : Témoignage

Collection dirigée par Christian English et Frédéric Thibaud
Catalogues et manuscrits : www.city-editions.com

Dépôt légal : Août 2015
Imprimé en France par France Quercy - Mercuès - N° 50842/

Je dédie ce livre à ma mère, que je n'ai jamais abandonnée dans mes pensées ou dans mes rêves, et je la remercie pour la détermination et autres traits de ma personnalité que je dois avoir hérités d'elle et qui m'ont permis de survivre jusqu'à ce que je me marie et que je commence à vivre.

1

Les fleurs qui paraissaient former un bouquet vertical en suspension, dans un vase invisible posé sur la petite table en bois poli, étaient presque luminescentes dans la pièce faiblement éclairée. Mon frère s'arrêta à quelques pas de l'endroit où je me tenais, hésita un moment et ferma les yeux. Lorsqu'il les rouvrit, il inspira profondément et s'avança jusqu'à ce que son épaule touche presque la mienne. Je plongeai les yeux dans les siens et je réalisai que j'avais les mains en sueur.

Nous regardâmes tous deux vers le cercueil ouvert et je sentis que mon frère se raidissait autant que moi. Au début, je ne reconnus pas le visage blême qui se trouvait devant nous. C'était le visage d'un vieil homme dont le teint pâle possédait une texture surnaturelle, comme faite de cire. Toutefois, ce qui me frappa fut qu'il avait l'air si minuscule. Je l'avais toujours considéré comme quelqu'un de grand et de fort, mais la mort lui avait arraché cette puissante aura de violence qu'il dégageait lorsqu'il était en vie, et je le voyais enfin comme il avait toujours été : rien de plus qu'une sale petite brute.

Je sentis l'émotion monter en moi. Elle paraissait venir du centre même de mon être, de l'endroit où, enfant, j'imaginais que se trouvait mon âme. D'abord, je ne parvins pas à identifier le sentiment qui se mit à couler comme un liquide dans toutes les veines de mon corps. Cela n'avait rien à voir avec la tristesse : quoi que j'aie pu éprouver face à la mort de l'homme qui était là, étendu dans le cercueil en bois tapissé de soie, je n'avais aucun sentiment de perte ou de deuil.

Lorsqu'une sorte de toussotement s'échappa involontairement de mes lèvres entrouvertes, mon frère jeta un regard de mon côté et je me couvris aussitôt la bouche de la main, comme un enfant coupable. Mais c'était trop tard et je ne pus réprimer le rugissement de rire qui explosa en moi dans le silence solennel. Je ne l'avais pas senti venir et, une fois que je commençai, je perdis tout contrôle.

Je laissai tomber ma main sur l'épaule de mon frère dans un geste d'excuse ; ou était-ce parce que j'éprouvais brusquement le besoin instinctif de toucher un autre être humain, de me connecter ? Alors, il se mit aussi à rire.

— Il a l'air si… insignifiant. Pathétique presque, finit par dire mon frère d'une voix entrecoupée de halètements. Comment se fait-il que nous l'ayons craint à ce point ?

Lorsque nous tournâmes le dos à notre père, nous étions encore en train de rire, et c'est côte à côte que nous sortîmes de la pièce.

Je peux comprendre qu'il soit difficile de le croire après avoir lu ce qui précède, mais je ne suis pas une personne sans cœur. En fait, j'ai plutôt tendance à être trop sensible aux malheurs des autres et je serais prêt à remuer ciel et terre pour éviter aux gens que j'aime la souffrance et la détresse. S'il y a une chose qui me permet d'imaginer qu'il y a du bon en moi, c'est de savoir qu'Anne, ma femme, m'aime toujours.

Anne est une personne douce et douée d'une grande bonté, et je sais qu'elle ne pourrait pas aimer un homme qui ne mérite pas son respect. Pendant toutes ces années, j'ai conservé son amour (et l'amour de ma fille) à l'intérieur de moi comme un précieux talisman. Même lorsque les sombres pensées de mon enfance malheureuse déferlent en moi et menacent de me noyer, avec suffisamment d'efforts, je parviens à distinguer la lumière de leur amour qui me guide pour remonter à la surface.

Chaque moment significatif ou mémorable de l'existence est voué à susciter une réaction émotionnelle. Le jour où, avec mon frère, nous avons contemplé la dépouille de notre père dans son cercueil, le rire (né, je suppose, du soulagement) fut l'émotion qui nous vint naturellement. À cet instant, j'éprouvais d'autres sentiments plus complexes et plus confus, mais, ce qui dominait, c'était que le poids que je portais sur mes épaules depuis mon enfance venait de disparaître avec la mort de mon père.

À ce moment-là, j'étais devenu adulte. Lorsque je vis ma mère pour la dernière fois, j'avais à peine deux ans. Je ne me rappelle que peu de choses du jour où on l'emporta de la maison sur un brancard en la soulevant doucement pour la glisser à l'arrière de l'ambulance.

Mon seul souvenir précis de ce jour-là, qui reste l'un des plus vivaces de ma petite enfance, est cette ambulance qui recule vers la porte de la maison et qui heurte l'un des piliers en bois du porche, produisant un bruit sourd tandis que toute la bâtisse se met à osciller dangereusement. Je me souviens de mon père qui se précipite en tendant la main vers le pilier, comme s'il allait à lui seul tenir la maison tout entière.

Ensuite, il se met à crier et donne un coup de poing sur le côté du véhicule. Sans l'inquiétude que mon père devait éprouver au sujet de ma mère, je ne sais pas si le chauffeur aurait échappé, comme ce fut le cas, à quelques coups bien sentis et un nez en sang.

Il est clair qu'à mon âge, je ne compris pas vraiment ce qui se passait, que ce soit lorsque le porche s'ébranla ou lorsque ma mère fut emmenée. La pensée qu'elle ne reviendrait jamais ne m'effleura certainement pas. J'ai toujours regretté de ne pas avoir mesuré précisément ce qui arrivait, parce que j'aurais pu mettre mes bras autour de son cou et la supplier de ne pas me laisser. En réalité, je sais qu'elle n'avait pas le choix et je sais qu'elle ne m'a pas abandonné parce qu'elle le voulait ou à cause de quelque chose que j'avais fait.

Ma mère est morte à l'âge de vingt-huit ans. Les rares souvenirs que j'ai d'elle et des deux premières années de ma vie sont si vagues, comme des photographies sépia floues et délavées, mais je pense qu'elle était douce avec moi et avec mes frères et sœurs, si j'en crois ce qu'ils m'ont raconté à son sujet au fil des années.

Je ne pense pas que mon père l'ait bien traitée. Mourir était peut-être une sorte de libération pour elle, une manière d'échapper à une vie qui n'était pas heureuse. Peut-être aurait-elle été satisfaite de savoir que l'enfant dont elle avait voulu avorter, avec une aiguille à tricoter (ce qui l'a conduite droit à la mort) n'a pas survécu non plus.

On dit toujours qu'un enfant a besoin d'une mère ; moi, j'aurais certainement eu besoin de la mienne. Je sais qu'il existe de nombreux pères qui élèvent leurs enfants seuls et qui s'en sortent aussi bien que n'importe quelle mère. D'un autre côté, il y a des pères comme Harold E. Kilby.

Je suis né le 10 février 1942, presque au beau milieu de la Seconde Guerre mondiale. J'eus ma première fessée et je poussai mon premier cri dans une maternité du bourg voisin des Cotswolds, dans la chaîne de collines située à l'ouest de Londres. À ma naissance, mes parents avaient déjà quatre enfants de trois à huit ans, et j'étais leur second garçon. Quelques jours plus tard, ma mère me ramena à la maison, un petit pavillon en briques rouges avec trois chambres dans un hameau qui était à peine à plus d'un kilomètre de là.

Le pavillon jouxtait un domaine qui appartenait à un homme, le colonel Howard, et à sa femme, que tout le monde appelait « Dr Margaret ». J'ai toujours tiré un certain réconfort à l'idée que ma mère et le Dr Margaret étaient des amies proches : pourquoi, sinon, une femme qui était médecin généraliste et magistrat local seraitelle devenue la marraine du fils de quelqu'un comme mon père ?

Si c'était effectivement ma mère qui était la raison de ce lien qui existait entre moi et une femme aussi remarquable, je lui en suis reconnaissant, ne serait-ce que parce que ce fut le Dr Margaret qui, avec l'aide de ma grand-mère, me fit entrevoir pour la première fois ce que pouvait être une vie normale. Ce fut une rééducation qui devait s'avérer aussi édifiante que durable, et je crois qu'elle a joué un rôle significatif pour m'aider à envisager les possibilités et les choix qui ont changé mon existence et qui m'ont probablement sauvé la vie.

La majeure partie de ce que je sais désormais du temps où ma mère s'est occupée de moi avant sa mort, je l'ai appris de nombreuses années plus tard par mes sœurs et mon frère. Toutefois, j'ai toujours su deux choses, instinctivement, mais avec certitude : ma mère m'aimait, et ces deux premières années, quelle que soit la manière dont elles se sont déroulées, ont été les meilleures moments de toute mon enfance.

Le fait que ma mère soit morte avant que j'aie la chance d'être conscient de sa présence et de m'en souvenir demeure l'un de mes plus grands regrets. Bien que mon père ait vécu jusqu'à ce que je devienne adulte et que j'aie une famille à moi, je n'ai jamais eu l'impression de le connaître réellement.

Je n'ai pas eu une seule raison d'aimer mon père. Aujourd'hui, rien de ce que je pourrais apprendre à son sujet ne changerait ce que j'ai toujours ressenti. Ce n'est que lorsque j'ai eu une quarantaine d'années que je me suis mis à imaginer qu'il n'avait peut-être pas cette personnalité à une seule dimension qui me terrorisait, et je fus très surpris de découvrir qu'il était plutôt intelligent. Avant cela, je ne pense pas avoir beaucoup réfléchi à la manière dont il gagnait sa vie.

Les expériences de mon enfance ont broyé toute chance de relation que nous aurions pu avoir, mon père et moi. De toute façon, il n'en ressentait certainement pas l'envie.

Pour ma part, je ne me suis jamais intéressé à ce qu'il faisait ou à ce qu'il pensait parce que je savais déjà tout ce que j'avais besoin de savoir sur son caractère et les traits qui influençaient ma vie : il était méchant, brutal et égoïste, et, s'il fût jamais capable de se soucier de qui que ce soit (ce dont je doute fortement), son cœur de pierre n'a jamais contenu la moindre parcelle d'amour pour moi.

Dans les années 1980, ma sœur aînée m'a raconté des choses à son sujet qui m'ont fait me demander pour la première fois quelle sorte d'homme il était réellement, ou *avait* été dans sa jeunesse. Quand ma sœur a été hospitalisée, je suis allé lui rendre visite à plusieurs reprises. Un jour, à mon arrivée, elle m'a tendu une carte de visite rose et expliqué :

— C'était celle de papa. Je veux que tu la gardes.

Elle était assise dans le lit, soutenue par des oreillers, et je savais qu'elle approchait du terme de sa vie. Si elle n'avait pas été si malade, j'aurais peut-être refusé de prendre la carte et je lui aurais dit que je ne voulais rien qui ait appartenu à mon père ou soit relié à lui. Toutefois, étant donné les circonstances, cela aurait été cruel, d'autant qu'elle semblait y accorder une grande importance. J'ai donc pris la carte et je l'ai mise dans ma poche en promettant à ma sœur que je ferais selon sa volonté.

J'avais déjà tout oublié lorsque, plus tard le même jour, je glissai la main dans la poche de ma veste pour récupérer mes clefs de voiture. Je sentis le bord de la carte, je la sortis et je lus les mots qui y étaient imprimés :

FOURNITURES COMPRISES –
DEUX SHILLINGS PAR SEMAINE
BATTERIES DE RADIO LISSEN LTD.
H. E. KILBY
SPÉCIALISTE RADIO
18 ANS D'EXPÉRIENCE

Mon père avait à peine plus de vingt ans lorsqu'il a épousé ma mère, et j'en conclus donc que l'entreprise de location de postes de radio et de vente et de réparation de batteries avait été fondée par mon grand-père. Selon ma sœur, notre père, le H. E. Kilby dont le nom était gravé sur la carte, avait aussi ajouté une nouvelle activité à l'entreprise où il vendait ce que, à l'époque, on appelait des « disques de gramophone ».

Au cours de ses derniers jours, lorsqu'elle était à l'hôpital, ma sœur me raconta énormément de choses que j'ignorais. Il y avait aussi des points dont elle refusait de parler, notamment la raison pour laquelle notre père avait perdu ou avait dû abandonner son affaire de radio et de batterie.

Elle me raconta plus particulièrement trois anecdotes qui me donnèrent une vision sidérante d'un homme que je ne reconnus pas, un homme qui ne correspondait pas du tout au père qui avait hanté mon épouvantable enfance et fait qu'une partie de mon âme s'était flétrie jusqu'à frôler la mort, avant que je ne sois assez âgé pour comprendre que la manière dont j'avais été traité n'était pas normale. Je me suis parfois demandé s'il se serait comporté différemment s'il n'avait pas été si remonté – comme *empoisonné* – contre moi, bien que rien n'eût pu excuser sa cruauté et son absence totale de sens paternel, lui qui aurait dû être responsable de moi, de mon bien-être et qui aurait dû me protéger.

L'un des incidents que me raconta ma sœur avait eu lieu en 1937, l'année de la rediffusion d'un film muet intitulé *Le Cheikh*. Aujourd'hui encore, tout le monde s'enflamme lorsque retentissent les trompettes et les publicités qui accompagnent la sortie des gros blockbusters, et il n'est pas difficile d'imaginer comment les choses se passaient à une époque où très peu de gens possédaient une radio et encore moins la télévision. Un film qui mettait en vedette le magnifique Rudolph Valentino, acteur qui faisait battre tous les cœurs dans les années 1920, n'était pas rien.

À cette époque, mes parents vivaient dans une très petite ville et, lorsque la date de la projection du film au cinéma local fut fixée, mon père obtint l'autorisation d'installer un stand dans le hall. Il acheta tous les disques de la musique du film qu'il pouvait se permettre, revêtit un costume arabe complet et vendit tout son stock aux spectateurs enthousiastes après chaque diffusion. C'était une facette ingénieuse et novatrice d'un homme qui, à aucun moment de ma vie, n'a jamais manifesté le moindre signe qu'il possédait de tels traits de caractère.

Outre qu'il était un bon vendeur, il semble que mon père ait été aussi un bricoleur de génie comme l'illustre une autre des histoires que ma sœur me raconta. Quand il était plus jeune, il possédait une moto avec un side-car assez grand. Un jour, il monta un tableau de bord dans le side-car, si bas qu'il pouvait le voir à travers une petite vitre en plexiglas, s'enveloppa dans une couverture et pilota la moto qui paraissait rouler sans chauffeur. Après avoir parcouru toute la ville où il vivait à l'époque, il fut finalement arrêté par l'agent de police local qui ne fut sans doute pas totalement insensible aux velléités de mon père d'animer la bourgade endormie, car il le laissa s'en tirer avec un simple avertissement.

C'est une histoire qui dresse le portrait d'un jeune homme doué d'humour, qui aime s'amuser : comme je l'ai dit, un homme que je ne reconnaissais pas.

Je n'ai jamais voulu me sentir lié de quelque manière à ce père que je connaissais, et il ne m'est donc pas particulièrement agréable de savoir que j'ai probablement hérité de ses compétences manuelles et de sa passion pour la technique. Ce qui me rend vraiment triste, c'est de penser que les choses auraient pu être très différentes s'il avait été influencé par une femme de cœur plutôt que la méchante sorcière qui devint ma belle-mère.

La troisième anecdote, toujours surprenante, était cependant plus en accord avec l'homme que j'avais connu.

Lorsque ma mère était en vie et que nous habitions dans le pavillon qui correspondait à ma première maison, nous avions des poules, une tortue (qui avait miraculeusement survécu au passage d'un camion) et un setter irlandais appelé David. Je me souviens des poules et de la tortue, mais pas du tout du chien. C'était d'abord le chien de ma mère, mais, apparemment, mon frère, mes sœurs et moi, nous l'aimions passionnément.

— Alors que maman venait à peine de mourir, me raconta ma sœur seulement quelques jours avant sa propre mort, papa a empoisonné ce chien avec du cyanure. Je n'oublierai jamais ses cris.

— C'est terrible, dis-je.

Je sentais les larmes me monter aux yeux.

— Pourquoi faire une chose pareille ? Pourquoi était-il si cruel ?

Ma sœur se contenta de hausser les épaules et refusa de continuer à parler de notre père. Après sa mort à elle, il ne restait que peu de gens qui étaient capables (ou désireux) de combler les nombreuses lacunes de mes souvenirs d'enfance.

En fait, très récemment, une personne me donna une réponse, que j'aurais presque souhaité ignorer, en me racontant ce que ma mère tentait de faire lorsqu'elle se blessa au point d'en mourir : ce n'était pas la première fois qu'elle essayait d'interrompre sa grossesse avec une aiguille à tricoter.

Il est sans doute surprenant que, au vu de la manière horrible dont les événements tournèrent quelques semaines après l'arrivée de l'ambulance ce matin de mars 1944, soit moins d'un mois après mon deuxième anniversaire, je persiste à penser que j'ai de la chance d'avoir vu le jour. Je n'éprouve pas de colère parce que ma mère nous a laissés sans protection et sans défense contre le monstre qui est venu s'installer dans notre maison après son départ. Elle devait être à bout pour faire ce qu'elle a fait. J'ai du mal à supporter l'idée qu'elle devait se sentir vraiment seule et vraiment malheureuse pour en arriver à une telle extrémité.

Le seul souvenir net et précieux que j'ai de ma mère, c'est que j'étais assis sur ses genoux pendant qu'elle me donnait à manger, du gras de bacon, je crois (c'était une époque très différente, et les gens ne se souciaient pas des dangers potentiels de ce qu'ils mangeaient…). Outre ce souvenir, je possède une photographie d'elle, qui représente une jolie jeune femme mince, aux cheveux bruns, aux yeux doux et au sourire timide.

Il est étrange de constater à quel point les pensées que vous croyez enfermées à double tour dans votre esprit trouvent parfois le moyen de se manifester sans que vous compreniez pourquoi. Cette photographie est un cas d'espèce : pendant des années, je n'ai pas fait le lien avec ma manie, qui frisait l'obsession, de collectionner des figurines en porcelaine de jeunes femmes minces aux cheveux bruns.

Je pense que je cherche ma mère depuis que j'ai deux ans.

2

Après la mort de ma mère, nous continuâmes à vivre dans le pavillon en briques et, même si je ne me souviens plus de la plupart des événements qui y eurent lieu, je me rappelle clairement la maison et les alentours.

Il y a soixante-dix ans, c'était une maisonnette nichée dans un creux, au pied d'un escarpement bordant la route, dans un hameau pittoresque des Cotswolds qui n'a pratiquement pas changé depuis. En bas de la colline voisine, il y a toujours le champ en pente bordé par un bois en forme d'arc de cercle qui s'étend sur deux kilomètres environ et qui mesure par endroits jusqu'à huit cents mètres de profondeur.

À côté de notre pavillon, le domaine qui appartenait au colonel Howard et au Dr Margaret comprenait un grand parc autour d'une imposante villa victorienne. De l'autre côté de la demeure, il y avait un grand verger de pommiers et, plus loin, un parterre d'arbustes chargés de baies.

Sur un côté des massifs de fleurs entretenus avec amour, il y avait des abris en briques au toit de tuiles rouges et, au milieu, un pavillon d'été en bois flanqué de part et d'autre par un étang ornemental carré. Le domaine arborait un court de tennis en terre battue, une maison d'amis, où les invités des Howard séjournaient, et une rangée de quatre maisonnettes qui étaient occupées par le jardinier et les autres domestiques. Il y avait aussi une ferme, située au bord d'un virage en épingle à cheveux, juste en face des imposants portails en fer forgé qui marquaient l'extrémité de l'allée conduisant à la maison principale.

À environ cinquante mètres de l'orée du bois en arc de cercle, il y avait aussi d'anciennes dépendances de la ferme qui abritaient plusieurs animaux, notamment deux énormes chiens de chasse baptisés Gazebo et Caesar, un âne connu sous le nom de Honkton et des moutons et des chèvres. Il est étrange qu'après toutes ces années, après avoir oublié tant de choses au sujet de mon enfance, je me souvienne si nettement de ces animaux.

Je suppose que c'est parce que j'ai passé beaucoup de temps avec eux. Je pense que je les ai mieux connus que la plupart des gens qui m'entouraient alors. Le pavillon avait une cuisine avec deux fenêtres, une de chaque côté de la porte d'entrée, qui ouvraient sur une bande de gravillons jaunâtres.

D'un côté de la zone gravillonnée, il y avait un grand abri en bois et, à l'intérieur, un établi sur lequel mon père avait monté un circuit de voies ferrées pour une superbe locomotive. Cette locomotive à vapeur aurait émerveillé n'importe quel petit garçon, mais moi, j'avais seulement le droit de la regarder de loin, lorsque la porte restait entrouverte : il m'était formellement interdit d'entrer dans l'abri.

Tout à côté, des marches en pierre grise conduisaient à un portail en bois qui donnait sur l'arrière de la grande maison des Howard. Plus loin, au-delà des marches, il y avait dans le sol une grande citerne circulaire en fonte de près de deux mètres de diamètre, qui était alimentée par une canalisation en terre cuite sortant du mur de soutènement du jardin du dessus. Au centre de la citerne se trouvait une sorte de pendule couvert de vase qui évoquait une balançoire dont les sièges auraient été remplacés par une immense cuillère d'un côté et par un énorme poids de l'autre.

À cette époque, avant l'avènement de la télévision et des jeux vidéo, il y avait peu de divertissements pour les enfants, sauf l'émission qui leur était destinée et qui était diffusée à la radio sur la chaîne nationale de la BBC tous les jours entre dix-sept et dix-huit heures.

Chez nous, nous n'écoutions pas cette émission, mais nous trouvions à nous occuper. Pour mes sœurs et moi, cela consistait à nous asseoir au bord de la citerne pour attendre que l'eau jaillisse de la grande maison et à observer le balancement de la « cuillère ».

Il nous arrivait de rester pendant des heures assis là, à attendre au bord de la citerne que la coupe soit assez remplie pour faire contrepoids et qu'elle envoie l'eau souillée dégringoler dans la cuve, moment magique où le poids en fonte tournoyait au-dessus de notre tête. (Comme je l'ai dit, c'était une époque différente, où personne ne se souciait guère des questions de santé et de sécurité qui semblent aujourd'hui aller de soi.)

En face de notre pavillon, de l'autre côté du portail à cinq barreaux en bois de l'allée qui conduisait à la route, il y avait une petite maison en pierre. La femme qui y habitait avec ses deux fils (qui devaient avoir cinq et sept ans lorsque ma mère est morte) était une divorcée du nom de Flossie. Elle était trapue, avait le teint mat et d'épais cheveux noirs bouclés.

Sur le champ en pente à gauche du portail, dans une ferme laitière, un homme appelé Bill Giles élevait aussi des cochons. Des années plus tard, lorsque je lui rendis visite, il me raconta une chose que je n'avais pas devinée : mon père et Flossie avaient une liaison depuis plusieurs mois avant la mort de ma mère !

Je me demandai si ma mère était au courant, et si cela avait joué un rôle dans son désespoir à l'idée d'être à nouveau enceinte. Je suppose que je ne le saurai jamais – et ne vaut-il pas mieux ne pas ruminer les questions qui n'ont pas de réponse ?

— Lorsque ton père rendait visite à Flossie, m'expliqua le fermier, il retournait chez lui à travers mes champs. Parfois, il me prenait un bidon de lait pour éviter que ta mère ne soupçonne quelque chose, je suppose.

Quand il me raconta cela, Bill était un vieil homme, et je sentais qu'il faisait de son mieux pour ne pas me montrer à quel point le souvenir des mensonges de mon père le répugnait. Je fus aussi content qu'il n'y parvienne pas totalement, parce que je me sentais mieux à l'idée que quelqu'un avait été du côté de ma mère, même si elle n'en avait pas eu conscience à l'époque.

Ce jour-là, pendant que nous bavardions, Bill me raconta une autre chose intéressante : apparemment, Flossie avait horreur des chiens, ce qui expliquerait pourquoi mon père avait empoisonné David, le setter irlandais roux, avant même que le cercueil de ma mère ne soit refermé.

Il ne fallut pas longtemps, quelques semaines au plus après la mort de ma mère, pour que Flossie et ses deux fils viennent vivre avec nous dans le pavillon. Sa chaumière en pierre ne connut pas d'autres locataires. Elle tomba en ruine et, quelques années plus tard, fut entièrement démolie.

Si seulement il avait été aussi facile d'éliminer l'influence de Flossie sur nos vies !

Je ne crois pas avoir été conscient de la présence d'enfants de l'autre côté de la rue. Je n'avais certainement pas rencontré Flossie avant le jour où elle est venue s'installer chez nous, le jour où nous sommes devenus une famille dysfonctionnelle et malheureuse, deux adultes et sept enfants, avec un bébé en route.

Quand je suis devenu adulte, je me suis parfois demandé si la mort de ma mère était bien due à cette blessure comme l'affirmait mon père. Quelle que soit la manière dont elle est morte, je crois que c'était mieux pour elle.

Avant l'arrivée de la maîtresse de mon père, ma mère avait été la seule adulte de sexe féminin avec laquelle j'avais eu des contacts proches (je n'avais que deux ans). Je suppose donc qu'il était logique que j'aie envie d'appeler Flossie « maman ».

Ce jour-là, ma belle-mère m'attrapa violemment par le bras et se mit à me hurler dessus. Ma surprise et ma terreur furent telles que, lorsque je tentai de parler, je n'émis qu'un faible bégaiement plaintif. J'avais l'impression que mon souffle s'était comprimé en une petite balle qui s'était coincée dans ma gorge et je luttai pour déglutir. J'étais encore en train de haleter lorsque Flossie me traîna sur le sol de dalles en pierre de la cuisine, ouvrit la porte d'entrée et me jeta sur l'allée de gravier. Littéralement.

Quand je ferme les yeux, je vois encore la robe à manches courtes, rouge et noire, qu'elle portait ce jour-là. Ensuite, chaque fois qu'elle la portait, ou que je la voyais sur le fil à linge à l'extérieur, j'éprouvais la même peur panique que cette première fois. En fait, cette robe a hanté mes cauchemars pendant des années.

Je n'ai pas le souvenir d'avoir été terrifié ou physiquement maltraité avant le jour où Flossie s'est installée à la maison, et je fus donc totalement pris au dépourvu par ce qu'elle faisait. Alors que j'étais allongé sur le gravier et en train de pleurer comme un chien battu, elle s'essuya les pieds sur mon dos et hurla :

— Si tu es trop bête pour comprendre quoi que ce soit, comprends au moins une chose : tu es un imbécile et je ne suis pas ta maman ! Ne t'avise jamais de m'appeler maman, m'man ou mère à nouveau. Tu as compris, espèce d'idiot ?

Je ne comprenais pas, mais, pendant des années, je serais un imbécile parce que Flossie me disait si souvent que je l'étais. En revanche, j'étais assez intelligent pour comprendre sur-le-champ qu'elle n'était pas ma mère. D'ailleurs, je ne crois pas l'avoir jamais cru : ce n'était qu'un nom me servant à appeler la femme qui avait pris la place de ma mère – dans notre maison et dans le cœur de mon père (je suppose qu'il avait un cœur), mais jamais dans le mien.

Loin de moi l'intention d'affirmer que toutes les belles-mères et les beaux-pères ne peuvent pas avoir d'excellentes relations avec les enfants de leur compagnon ou de leur compagne, mais, tout comme il y a de mauvais parents, il y a aussi de mauvais beaux-parents. Les histoires de Blanche-Neige et de Cendrillon ont dû être inventées par des enfants qui ont vécu ce genre de choses. Je n'ai découvert ces contes que plus tard, bien plus tard, et j'ai compris alors ce que Flossie était pour moi : la méchante marâtre.

Bien que Flossie détestât chacun des enfants de ma mère, c'est moi qui déclenchais, j'ignore pourquoi, ses fureurs les plus violentes et les plus vicieuses. Comme je n'avais que deux ans, je ne vois pas ce que j'aurais pu faire pour mériter une telle haine, mais je suppose que c'était parce que j'étais le plus jeune et donc celui qui avait le plus besoin de l'amour qu'elle était déterminée à ne pas me donner. Sa fille, l'enfant de mon père, vit le jour alors que je n'avais pas encore trois ans et, à partir de ce moment, si mon frère et mes sœurs ne s'occupaient pas de moi, personne ne le faisait. Quand il le faut, on grandit vite, mais il y a aussi des pensées et des craintes que les enfants enferment en eux et qui demeurent dans leur âme pour toujours.

La plupart des souvenirs de ma petite enfance correspond à des punitions ou aux nuits que je devais passer dehors, et à toutes les occasions, nombreuses, où j'ai tenté de m'enfuir. À part deux ou trois incidents spécifiques, je ne me souviens de rien d'autre. Par exemple, je ne sais pas si je suis allé à l'école, mais j'ai dû la fréquenter suffisamment puisque je sais lire et écrire et que je suis assez bon en calcul.

Des années plus tard, une fois devenus adultes, ma sœur aînée m'a révélé que Flossie voulait se débarrasser de moi. Cela semble logique que ma belle-mère ait eu envie de nettoyer le nid pour y déposer son précieux bébé. Quoi qu'il en soit, je fus victime à cette époque de nombreux accidents plutôt étranges. Mystérieusement, je survécus à tous, notamment lorsque quelqu'un débloqua le frein de ma poussette qui finit par dégringoler sur la pente herbeuse de notre jardin, se renversa et me déposa juste devant des truies affamées du fermier. Heureusement, l'homme entendit mes hurlements hystériques et accourut pour me sauver.

C'est l'un des accidents dont me parla Bill Giles des années plus tard lorsque je lui rendis visite. Mon frère et mes sœurs avaient gardé le secret à ce sujet, tout comme ils l'avaient fait à propos de tous les accidents qui se sont produits lorsque j'étais petit.

En une autre occasion, j'étais en train de jouer dans le jardin lorsque j'entendis le bruit de la locomotive qui sifflait et haletait sur son circuit. Tel le papillon irrésistiblement attiré par la lumière, je fis le tour de la maison et allai me tenir devant l'abri pour essayer d'apercevoir le train par la porte entrouverte. Comme l'ouverture n'était pas suffisante pour que je distingue l'intérieur, je me rapprochai un peu sans cesser de lancer des coups d'œil coupables vers les fenêtres de la maison.

Quelques minutes plus tôt, alors que j'étais en train de jouer, j'avais entendu mon père appeler Flossie dans la maison et je savais que l'abri était vide. J'avais peur de mon père et je n'étais pas idiot au point d'avoir oublié qu'il m'avait interdit de mettre les pieds dans l'abri, mais ma curiosité était comme une main invisible qui me poussait vers l'avant.

J'étais peut-être trop jeune pour comprendre la relation de cause à effet, ce qui n'aurait pas dû être le cas parce que j'avais été puni assez souvent (pour des bêtises vraies ou inventées) pour savoir ce qui se passerait si j'étais pris en train de faire quelque chose que mon père ou Flossie m'avaient interdit de faire.

En dépit de mon expérience, l'attrait de la locomotive à vapeur était tel que je ne pus résister. Je mis les mains dans les poches de mon short et pris l'air aussi nonchalant que possible tout en faisant encore quelques pas vers l'abri. Je lançai un dernier regard vers la maison et ne vis personne derrière les fenêtres. Lentement et précautionneusement, je poussai la porte ouverte jusqu'à ce qu'apparaisse devant mes yeux la superbe locomotive qui avançait avec son chuintement sur les rails.

J'étais toujours debout sur le seuil lorsque l'étau qui avait été posé en équilibre sur le dessus de la porte me tomba sur la tête. Je tombai comme une pierre, et le lourd bloc de fonte dégringola sur moi, écrasant mon bras sous son poids et déchirant ma peau aussi vivement qu'une lame.

La chute de l'étau ne me tua pas, ce qui aurait parfaitement pu se produire. D'ailleurs, je ne perdis même pas connaissance, mais le choc fit un trou si profond dans ma tête que le sang se mit à jaillir. Je me mis à hurler si fort que le Dr Margaret accourut et descendit en toute hâte les marches depuis son jardin. En entendant mes cris, l'une des sœurs était sortie en courant de la maison, et le Dr Margaret lui dit de retourner chercher un bol d'eau chaude. Ensuite, ma marraine me prit dans ses bras, s'assit sur les marches de pierre et m'allongea sur ses genoux pour laver l'entaille.

Lorsque le sang cessa de couler, elle enroula une bande autour de ma tête, sécha mes larmes avec le mouchoir bordé de dentelle qu'elle sortit de sa poche et tendit une pièce à ma sœur en disant :

— Emmène ton frère au village et achetez-vous une glace.

Je suivis ma sœur dans la rue, sans cesser de renifler piteusement, ma main agrippée à la sienne. Pendant des heures, j'eus l'impression de recevoir des coups de marteau sur la tête, mais la douleur, qui revint par intermittence jusqu'à ce que la blessure cicatrise complètement, en valait la peine parce que c'était la première fois que je mangeais une glace et, surtout, parce que j'étais resté pendant plusieurs minutes sur les genoux d'une femme maternelle tandis qu'elle me calmait de ses mains douces.

Il n'y avait que deux explications possibles au fait que mon père ait placé cet étau en équilibre sur la porte ce jour-là. La seule qui me paraît cohérente (sauf si mon père avait réellement l'intention de me tuer) est qu'il l'avait fait pour me faire peur et me punir si je ne respectais pas ses ordres : « Ne t'approche pas, petit futé ! » Quelle qu'en soit la raison, c'était une chose terrible à faire à son propre enfant.

De nombreuses années plus tard, ma sœur me raconta que, tout en souhaitant détourner avec la glace mon attention de l'horrible accident, le Dr Margaret voulait m'éloigner pendant qu'elle parlait à mon père et à Flossie. Je n'ai jamais su ce qu'elle leur dit, mais, quoi que ce fût, c'est sans doute pour ça que, contrairement à ce qui se serait habituellement produit, je ne fus pas battu ou réprimandé à mon retour du village avec ma sœur. Au lieu de ça, ils m'ignorèrent.

Comme j'étais bien trop jeune pour que mon esprit puisse analyser et expliquer la plupart des horreurs qui me sont arrivées dans mon enfance, je les ai simplement refoulées. Ce qui expliquerait aussi que je n'ai pas souvenir des événements qui se sont produits, parfois sur des périodes non négligeables de temps. Et, parce qu'il y a tant de choses dont je ne me souviens pas, je n'ai pas de repères chronologiques pour les souvenirs qui m'ont marqué. Par exemple, je ne sais pas toujours quel âge j'avais quand telle ou telle chose s'est produite. Au fil des années, il est possible aussi que certains incidents n'en aient fait plus qu'un. Ainsi, je sais qu'on me battait souvent avec le tisonnier de la cheminée parce que j'avais été « méchant », mais je ne me rappelle pas plus que quelques raisons spécifiques pour avoir mérité cette correction.

En revanche, certains détails demeurent clairs et nets dans mon esprit, comme le jour où j'ai dit quelque chose à Flossie (je ne me souviens pas quoi) qui l'a rendue folle de rage. Son visage a viré au rouge violacé qu'il prenait toujours lorsqu'elle était sur le point de me battre comme plâtre. Cette fois-là, au lieu de prendre le tisonnier, elle m'attrapa le bras et me traîna sur le sol jusqu'à la table de la cuisine, s'empara d'une cuillère et se mit à me gaver de moutarde. J'avais les lèvres en feu et l'impression que la peau sensible de ma bouche brûlait aussi. Je me débattais, mais Flossie était forte, très forte. Elle n'avait aucune difficulté à me tenir et elle enroula un torchon autour de ma bouche et de ma tête avant de me plaquer les bras sur les côtés, au point que j'étais incapable de lever une main pour arracher le bâillon.

J'étouffais et les larmes jaillissaient de mes yeux, puis, le vertige de panique se calma juste assez pour que je recommence à réfléchir. Je compris alors que je ne pouvais respirer que par le nez et que, pour y parvenir, je devais rester immobile. Je me souviens d'avoir baissé les yeux sur les bras tavelés et musclés de Flossie, qui m'entouraient entièrement le corps, et d'avoir eu la sensation que la terreur s'éloignait. Lorsque j'ai cessé de me débattre et de donner des coups de pied, ma belle-mère a dû penser que je simulais parce que sa prise ne s'est pas relâchée. Elle s'est simplement mise à rire de cette manière sarcastique qu'elle avait toujours lorsqu'elle savait qu'elle était en train de me montrer qui était le maître (comme si j'avais pu l'oublier !).

J'ai toujours été plutôt lent à me mettre en colère et je n'ai jamais éprouvé de véritable haine pour qui que ce soit, sauf pour Flossie et pour mon père. Et c'était de la haine que j'éprouvais ce jour-là malgré mon jeune âge. C'était comme quelque chose de glacé qui s'insinuait dans le moindre recoin de mon corps. Même si je ne pouvais rien faire pour endiguer les torrents de larmes que je versais, je fis le vœu silencieux de ne jamais plus donner à Flossie la satisfaction de savoir qu'elle me faisait du mal.

Même lorsque ma belle-mère ne me punissait pas concrètement, elle me traitait toujours avec rudesse et méchanceté. Par exemple, son idée de la manière de laver un jeune enfant (moi en l'occurrence !) consistait à me déposer sur l'égouttoir de l'évier de la cuisine, à remplir l'évier en porcelaine ébréchée d'eau froide et à me brosser de la tête aux pieds avec la brosse qu'elle utilisait pour frotter le sol.

Lorsque je frissonnais et gémissais parce que ma peau devenait si rouge et douloureuse qu'il m'arrivait de saigner, elle me donnait une claque sur la nuque, m'insultait et frottait encore plus fort. Heureusement, c'était avant le temps où on prenait une douche tous les jours et, au pire, le rituel n'avait lieu qu'une seule fois par semaine.

Une des punitions qui revenaient régulièrement consistait à me ligoter les mains dans le dos et à nouer un chiffon pour me bâillonner avant de m'enfermer dans une pièce pendant des heures. Une fois, alors que j'étais un peu plus âgé, je réussis, à force de me tortiller, à dégager mes mains de la corde. Terrifié à l'idée que quelqu'un vienne voir ce que je faisais (même s'ils ne s'occupaient que rarement de moi), je glissai un morceau de papier sous la porte et je dénichai un objet pour tripoter la serrure jusqu'à ce que j'entende le bruit sourd de la clef qui tombait par terre de l'autre côté.

Je tendis l'oreille en retenant mon souffle, mais personne ne vint. J'étais peut-être seul dans la maison. Au bout d'un moment, je commençai à tirer sur le papier en espérant que l'espace sous la porte soit suffisant pour laisser passer la clef.

Puis, je déverrouillai la porte et m'enfuis dans les bois. Finalement, je fus bien obligé de rentrer à la maison et de payer le prix de cette fugue (et ils n'oublièrent plus la clef dans la serrure), mais j'avais au moins goûté au succès ; une petite victoire, certes, et finalement contre-productive, mais une victoire quand même.

En dépit des souffrances pratiquement incessantes, j'ai retenu un ou deux souvenirs agréables qui remontent au temps où nous habitions dans ce pavillon. Une image que j'ai gardée en tête est celle du jour où nous ramassions des fraises sauvages dans les bois au-dessus de la maison. Je me vois en train de rire tandis que je les fourrais dans ma bouche par poignées et que je me léchais les doigts tachés de jus. Je me souviens aussi de certains jeux avec mes sœurs et mon frère, lorsque nous traînions un chariot à roues en fer dans les bois pour ramasser des brindilles destinées à allumer le feu.

Néanmoins, les bons souvenirs restent fugaces et trop peu substantiels pour compenser les vagues de peur et de tristesse qui menacent encore de me submerger chaque fois que je pense à mon enfance. On aurait dit que j'étais toujours puni ou complètement délaissé, et il me fallut des années avant d'admettre que, quand j'étais petit, je ne faisais pas souvent de bêtises.

Lorsque j'eus trois ans et demi, Flossie décréta que je n'avais plus besoin de chaussures. Je mesure à quel point il devait être difficile et onéreux de nourrir et de vêtir une famille de huit enfants. Si l'un d'entre nous devait être privé de quelque chose, inutile de tirer à la courte paille pour savoir qui serait désigné. J'ai eu souvent si froid aux pieds que, paradoxalement, j'avais l'impression que ma peau me brûlait, mais j'appris vite qu'il y avait un avantage significatif à avoir les pieds nus plutôt que serrés dans les chaussures trop étroites que je dus porter par la suite lorsque je commençai l'école. Pieds nus, j'étais plus agile et plus rapide, et il fallait que je sois rapide les nombreux soirs où ma belle-mère piquait une crise et me chassait de la maison. En hurlant comme une furie, elle essayait de m'attraper pour me donner une volée avant de me jeter dehors, et je courais aussi vite qu'un lévrier à travers la cuisine pour sortir avant qu'elle ait le temps de me mettre la main dessus.

Parfois, j'arrivais à faire basculer un tabouret au passage, mais c'était un geste à double tranchant. Si le fait de trébucher sur l'obstacle que j'avais mis en travers de son chemin ralentissait Flossie et m'offrait les quelques secondes de répit dont j'avais besoin pour ouvrir la porte et m'enfuir en courant dans la nuit, c'était encore pire lorsqu'elle parvenait à me rattraper après avoir heurté ses énormes tibias sur le tabouret, et j'avais droit à une correction encore plus cruelle.

En y repensant des années plus tard, je ne comprends pas comment personne à part moi n'était capable de voir que, si Flossie se cognait au tabouret, ce n'était que justice. Elle me poursuivait avec une rage qui la faisait presque baver, et moi, j'aurais dû rester là et la laisser me frapper sans rien faire pour me protéger ?

Lorsqu'elle me poursuivait ainsi, la priorité était de réussir à sortir de la maison avant qu'elle ne m'attrape :

une fois que j'étais dehors, elle ne se souciait plus de moi. Malgré ma vivacité, il y avait toujours un moment où elle arrivait à agripper mon bras ou un bout de mon pantalon court, et je savais que j'allais y avoir droit.

Parfois, elle frappait avec le tisonnier, parfois, elle me traînait ou me portait à moitié dehors et me jetait dans l'énorme auge de pierre qui bordait l'allée gravillonnée faisant le tour de la maison.

En hiver, l'eau était glacée, et Flossie me plongeait la tête dedans en m'y maintenant jusqu'à ce que je sente le sang battre dans mes oreilles. J'avais l'impression que mes poumons se figeaient et que je ne pourrais jamais plus respirer, même lorsqu'elle me libérait.

Une fois que je réussis (presque) à maîtriser l'art de ne pas pleurer lorsque j'étais puni, je serrais les dents et faisais de mon mieux pour ne pas faire de bruit lorsque Flossie ou mon père me faisaient mal, sinon, cela les rendait encore plus furieux, et les tentatives de Flossie pour me noyer se prolongeaient d'autant. Il m'arrivait souvent, lorsque je me retrouvais seul dans mon lit, de pleurer en silence, mais j'étais fermement déterminé à ne pas donner de signe manifeste de la douleur physique, ou émotionnelle, que je devais endurer entre les mains de mon père et de ma belle-mère. L'opiniâtreté que leur traitement impitoyable avait fait naître s'installa aussi solidement qu'un bloc de béton en moi et fit partie intégrante de mon caractère.

En dépit de mes meilleures tentatives de bravoure, il y avait une punition, administrée cette fois par mon père, qui parvenait toujours à briser mes résolutions et à me tirer des cris.

Quand j'étais encore très petit, je fuguais souvent la nuit pour aller dormir ailleurs. Je savais que je serais puni en rentrant, et il fallait bien que je rentre, mais la perspective d'être dehors, seul dans l'obscurité, était moins terrifiante que de rester dans la maison qui aurait dû être l'endroit où je me sentais le plus en sécurité.

Ces fugues rendaient mon père fou de rage.

— Tu ne pourras plus t'enfuir si tu ne peux pas poser le pied par terre, espèce de saleté ! hurlait-il en me tenant sur ses genoux d'une main tandis que, de l'autre, il frappait la plante de mes pieds avec un bâton jusqu'à ce qu'elle saigne.

Outre les conséquences psychologiques logiques d'une correction aussi cruelle donnée par votre propre père, les dégâts physiques étaient aussi importants et je ne peux aujourd'hui encore pas rester debout très longtemps ou monter une côte sans ressentir une douleur intolérable dans les pieds.

Parfois, lorsque je m'enfuyais, ils claquaient la porte et la verrouillaient derrière moi, ce qui m'obligeait à me débrouiller. Parfois, Flossie ou mon père venaient quand même me chercher. J'appris rapidement quelques astuces pour ne pas me laisser prendre. Par exemple, je savais que, si je me glissais à terre sous les fougères ou toute autre cachette, c'était le bruit de ma respiration saccadée qui me trahissait. Alors, au lieu de souffler et de haleter comme le faisaient mes poursuivants, j'ouvrais la bouche aussi grand que possible et respirais lentement et profondément.

Il y eut de nombreuses occasions où Flossie ou mon père se tenait si près de l'endroit où je m'étais réfugié que j'aurais pu les toucher en tendant simplement la main. Bien sûr, je ne l'ai jamais fait. Je me recroquevillais, les genoux remontés jusqu'à la poitrine, en espérant qu'ils n'entendraient pas les battements de mon cœur qui paraissaient assourdissants à mes propres oreilles. Lorsqu'ils finissaient par s'en aller, je demeurais là encore un peu, baignant dans la chaleur du triomphe pendant quelques instants et souriant tout seul.

Dans ma vie, j'avais très peu de raisons de sourire.

3

À l'âge de quatre ans, je passais si souvent la nuit dehors que j'aurais pu en remontrer à l'aventurier Bear Grylls en matière de techniques de survie.

Je m'étais notamment aménagé un coin dans les hautes fougères. Pendant l'été, les feuilles vertes et souples me protégeaient parfaitement, mais, avec l'approche de l'automne, elles devinrent brunes et fragiles, souvent brisées par les intempéries ou par le passage des animaux. Je devais surmonter tellement d'obstacles, résoudre des quantités de problèmes. Je découvris « sur le tas » que les tiges pratiquement carrées des fougères sont aussi tranchantes qu'un rasoir et que, si on peut les faire plier assez facilement, les arracher ou les casser était une autre paire de manches.

La première fois que j'essayai de tirer sur la tige d'une fougère verte pour la déraciner, je me retrouvai avec quatre fines entailles sanglantes très douloureuses. Bientôt, j'appris que je pouvais pencher les tiges et les attacher ensemble pour fabriquer un abri qui me protégerait de la pluie, même diluvienne, et m'offrirait un endroit où me cacher lorsque le danger menacerait. D'ailleurs, la pluie me rassurait (aujourd'hui encore, j'adore sa musique) parce que, s'il arrivait que Flossie et mon père me prennent en chasse, ils savaient, comme je le savais, que je ne faisais que repousser la sentence. Alors, je me disais qu'ils n'allaient pas s'aventurer dehors par une nuit pluvieuse lorsqu'il suffisait qu'ils restent bien au chaud à l'intérieur en attendant mon retour.

Mon autre repaire se trouvait dans le bois qui s'étendait au-delà du champ en pente derrière l'ancienne maison de Flossie. Les bois étaient entourés d'épais ronciers uniquement entrecoupés par de petites percées que les passages fréquents des animaux ménageaient dans les fourrés.

La présence de cette barrière de ronces me donnait l'impression d'être encore plus à l'abri dans les bois que dans les fougères. L'autre avantage était que je pouvais me déplacer plus facilement dans le sous-bois qu'entre les racines entrelacées et serrées et les hautes et épaisses frondes des fougères. Cependant, lorsque je fuguais, je n'avais pas toujours le choix : le repaire dans les fougères était plus proche de la maison, et je savais que ma seule véritable chance de ne pas être rattrapé était de me cacher le plus vite possible.

J'étais très fier de mes repaires. Flossie me répétait souvent que j'étais un imbécile (un mot dont je comprenais, tout jeune déjà, les implications sinon le sens), mais, lorsque j'examinais les abris que j'avais construits de mes mains, je me mettais à croire (au moins pour un moment) qu'elle avait tort.

Quand je songe à cette époque avec mon point de vue d'adulte, je sais que, sous de nombreux aspects, j'étais un petit garçon très courageux. Je n'avais pas vraiment peur du noir et je ne me sentais pas seul. Je suppose que tout est relatif, et que les choses qui terrifieraient un enfant étaient en fait moins impressionnantes et douloureuses que ce qui m'attendait dans ma maison, avec mes parents les plus proches.

Je dis que je n'avais pas peur, mais ce n'est pas strictement vrai. Les enfants sont capables d'apprendre à endurer pratiquement tout : pour eux, ce qui est normal est ce que les adultes leur montrent parce qu'ils ne connaissent pas la normalité des autres et ne savent pas qu'elle peut être différente.

Sauf qu'aucun enfant de quatre ans ne passe ses nuits seul, recroquevillé dans une tanière de bric et de broc, dans l'obscurité, sans avoir peur. Il m'est certainement arrivé de pleurer et de retenir mon souffle en écoutant avec anxiété les bruits alentour et en espérant que l'animal qui se manifestait n'allait pas vouloir me dévorer.

Les nuits vraiment affreuses, lorsque la pluie tombait à torrents et qu'un vent glacial gelait le moindre recoin de mon repaire, je me glissais furtivement dans l'une des étables de la ferme. Il faisait plus chaud là qu'à l'extérieur et je savais que je n'avais rien à craindre des vaches.

Elles tournaient lentement la tête lorsque j'entrais dans leur logis et me regardaient de leurs énormes yeux marron dans la demi-obscurité tandis que je m'endormais dans la chaleur animale, des brins de paille me chatouillant les narines.

Quand je considère ma vie actuelle et l'homme que je suis devenu, je ne me sens aucunement lié à ce petit garçon dont l'enfance a été massacrée au-delà de tout espoir par son père et sa belle-mère. C'est comme si nous étions deux personnes totalement différentes, sans aucun rapport, et je suis terriblement désolé pour ce petit garçon. Lorsque je l'imagine tout seul dans l'un de ces abris, recroquevillé dans la pénombre de la nuit, son petit ventre qui gargouille et ses yeux de plus en plus lourds jusqu'à ce qu'il s'endorme la tête sur les genoux, je suis envahi par une immense tristesse. Aucun enfant ne devrait avoir à subir une chose pareille, et aucun enfant ne devrait devoir vivre dans la terreur constante des personnes qui sont censées prendre soin de lui et le protéger (même si je sais qu'ils sont nombreux à vivre ainsi).

Quand j'avais des problèmes avec Flossie et mon père, c'est-à-dire la plupart du temps, sauf quand on m'ignorait, mes sœurs et mon frère prenaient rarement ma défense. Bien que l'indifférence apparente de mes aînés m'ait fait beaucoup de peine, je compris en vieillissant que je ne pouvais pas vraiment leur en vouloir : lorsque vous vivez avec des gens comme mon père et ma belle-mère, vous apprenez très vite l'art de la survie. Et si ce n'est pas vous qui êtes puni, pourquoi chercher des histoires ?

Le problème est aussi que les adultes déterminent le mode de comportement de tout le reste de la famille, et, parce que Flossie et mon père me tyrannisaient et se montraient cruels avec moi, mes aînés se mirent à se conduire de la même manière. Je suppose que l'instinct naturel d'un enfant est de s'aligner sur le plus fort contre le plus faible. Dans notre famille, cela signifiait paraître du côté de notre père et de notre belle-mère, et contre moi.

Quoi qu'il en soit, mes sœurs et mon frère faisaient aussi de bonnes choses pour moi. Souvent, ils laissaient de la nourriture dans l'une des quelques cachettes qu'il y avait autour du pavillon pour que je puisse manger lorsque j'étais forcé de rester dehors. Ils prenaient un gros risque parce que, si on les avait découverts, ils auraient subi une sacrée correction.

Quand je dormais dehors, j'avais toujours faim et, lorsque j'étais sûr que mon père et ma belle-mère avaient cessé leurs recherches (ou ne s'étaient même pas donné la peine de les commencer), je patientais un peu avant de me faufiler vers la maison pour chercher de la nourriture. Parfois, il n'y avait rien et, lorsque je découvrais que la dernière cachette était aussi vide que les autres, le découragement m'envahissait. Dans ce cas, je retournais à mon abri et je mâchonnais une des betteraves fourragères que j'avais volées au passage dans la cour de la ferme, de l'autre côté de la rue.

Ces betteraves sont des légumes racines que l'on cultive essentiellement pour nourrir le bétail ou les cochons. Il y a des gens qui en mangent après les avoir cuites, comme des pommes de terre ou des navets, mais pas crues comme je les mangeais, moi.

En fait, elles sont étonnamment agréables au goût et j'en laissais au moins toujours une dissimulée dans chaque repaire. Parfois, je gardais aussi des granulés pour les vaches, sauf si Flossie les avait trouvés dans ma poche et les avait jetés en hurlant après moi.

Les nuits où il n'y avait pas de nourriture et que je ne trouvais pas de betteraves, la faim me rendait audacieux et j'allais jusqu'à m'introduire dans la cuisine en quête de n'importe quoi de comestible. Il fallait vraiment que je sois affamé pour prendre un tel risque parce que, si j'étais pris, c'était pire que tout ce que je pouvais imaginer. Je ne l'ai fait que quelques fois, lorsque le bruit blanc de mon estomac occultait toute autre pensée de mon esprit.

Bien sûr, le risque aurait été moindre si j'avais attendu que tout le monde soit couché et que toutes les lumières soient éteintes, mais, dans ce cas, mon père aurait certainement verrouillé la porte d'entrée. Il ne fermait pas toujours à clef la nuit (en ce temps-là, les gens ne le faisaient pas, notamment à la campagne, où les cambriolages étaient relativement rares), mais le fait de ne pas pouvoir entrer dans la maison une nuit où j'aurais été affamé comme un loup aurait ressemblé à un désastre absolu.

Une nuit, comme l'âne qui suit la carotte, le froid intense et la douleur physique de ma faim me poussèrent à retourner dans la maison avant que les lampes à gaz n'aient été coupées. Lorsque j'ouvris doucement la porte pour pénétrer aussi silencieusement que possible à l'intérieur, je perçus le bruit étouffé de mon père et de ma belle-mère en train de parler dans leur chambre. Retenant mon souffle, je marchais sur la pointe de mes pieds glacés vers le poêle en fonte de la salle à manger qui brûlait nuit et jour pendant les semaines les plus froides de l'hiver.

J'étais debout à côté du poêle lorsque tout mon corps fut secoué de frissons et je tendis mes mains vers la chaleur. Je n'avais pas entendu Flossie qui venait d'entrer sans bruit derrière moi et, avant que je réalise qu'elle était là, elle avait serré mes poignets dans ses mains puissantes et me poussa vers le poêle chauffé à blanc. La douleur fut si insoutenable que je crois que j'aurais perdu connaissance si ma belle-mère ne m'avait pas tenu. Lorsque je me mis à hurler et à donner des coups de pied, elle relâcha sa prise. Elle n'avait sans doute tenu mes mains sur le poêle que pendant quelques secondes, mais cela fut suffisant pour les brûler gravement. Je sanglotais lorsque je me retournai vers le seuil de la pièce où se tenait mon père. Son visage était éclairé par la lampe de la chambre derrière lui, et son expression, sans aucun doute possible, était celle d'un mépris total empreint de sarcasme.

Par contraste avec l'indifférence de mon père, Flossie s'excusa : une chose que je ne l'avais jamais, jamais vue faire avant.

— Oh ! je suis désolée, dit-elle en me touchant

l'épaule et en examinant mes mains qui commençaient déjà à se couvrir d'ampoules.

C'était aussi la première fois qu'elle me touchait, sauf quand elle était en colère.

— J'ai cru que tu étais un voleur qui se glissait comme ça dans la maison au beau milieu de la nuit. Viens dans la cuisine. Nous allons faire quelque chose pour te soulager.

Désorienté par son brusque changement de comportement et par le choc et la douleur, je la suivis dans la cuisine sans réfléchir.

— Il faut faire sortir la brûlure, déclara Flossie.

Elle gratta une allumette et se pencha pour allumer le four à gaz.

— D'accord, reniflai-je.

Lorsqu'elle tendit les mains pour prendre à nouveau mes poignets, je m'exécutai.

La chaleur du four transforma la douleur déjà atroce en véritable agonie et je faillis vraiment m'évanouir. Je me mis à hurler et à me débattre tandis que Flossie renversait la tête en arrière dans un éclat de rire tonitruant. Soudain, comme si on avait appuyé sur un interrupteur, elle s'arrêta de rire pour se mettre à hurler après moi, quelque chose sur le fait de me donner une leçon, et que j'étais un véritable imbécile de croire que je pouvais être plus fort qu'elle, mais j'étais trop en état de choc pour comprendre tout ce qu'elle disait. Heureusement, sa tirade ne dura pas longtemps avant qu'elle n'aboie : « Va te coucher ! » et je sortis de la pièce en vacillant, toute idée de ne jamais leur montrer mes émotions oubliée.

Cette nuit-là, je restai éveillé longtemps à verser des larmes dans mon oreiller et à essayer d'éviter que le drap ne touche ma peau calcinée, jusqu'à ce que je finisse par sombrer dans un sommeil peuplé de cauchemars.

Ce que cet incident m'apprit, c'est qu'il y avait des choses bien pires que la faim. Toutefois, ce n'est que lorsque j'ai eu dépassé vingt ans que je découvris que la chaleur ne fait pas « sortir la brûlure », une chose que Flossie devait savoir depuis le début.

Je ne me souviens pas du temps que mirent mes mains à guérir, mais je me souviens bien de les avoir tenues en l'air pour que la brise me soulage. Le côté positif, c'est qu'après cette nuit-là, on me laissa tranquille pendant un moment et on me donna des repas réguliers que je mangeais souvent sous le porche. Personne ne me parlait directement (de toute évidence, on avait prévenu mes sœurs et mon frère de ne pas me parler du tout) et je finis rapidement par ne pas leur parler non plus. D'ailleurs, ce n'était pas plus mal d'être ignoré ainsi. Je n'avais pas d'ennuis et je n'avais donc pas besoin de m'enfuir.

Je ne le compris pas, à l'époque, mais je suppose que Flossie et mon père craignaient que, si je sortais avant que mes mains ne soient cicatrisées, quelqu'un pourrait apprendre ce qui s'était passé et ils risqueraient d'avoir des ennuis. Je suis sûr cependant que, si j'en avais parlé à quelqu'un (et à qui ?), mon père aurait affirmé que j'étais un menteur patenté, et personne n'aurait mis sa parole en doute.

Quand je repense à ces jours de mon enfance, le temps me paraît déformé. Il y a des périodes qui semblent plus courtes et d'autres qui me laissent l'impression d'avoir duré des jours ou des mois alors qu'en réalité, elles étaient probablement assez brèves. Même si on tient compte de la nature relative du temps, je savais qu'il ne faudrait pas longtemps avant que reviennent les claques sur la tête et les exigences agressives de « Dégage du fichu chemin » pour se terminer, toujours, par des coups.

L'un des événements qui engendraient automatiquement une punition, avant que quelques volées m'aident à ne plus l'oublier, était le fait d'adresser la parole à ma demi-sœur. La petite reine faisait la joie et la fierté de ses parents, et on me répétait sans cesse, et bientôt sans raison, que je ne devais pas m'approcher d'elle. Peut-être que Flossie imaginait que j'allais lui porter malheur !

Quand le bébé est né, j'étais si jeune que je n'avais aucune raison de ne pas accepter la nouvelle venue dans notre famille dysfonctionnelle. Clairement, ce n'était pas ce que Flossie et mon père pensaient et, dès que je m'approchais à quelques pas de son landau, mon père hurlait aussitôt :

— Dégage, éloigne-toi d'elle ou je te tue !

Quand ma demi-sœur était petite, elle se donnait souvent beaucoup de mal pour que je lui parle et, si je succombais, on me battait pour avoir fait ce qui était interdit. Comme vous pouvez l'imaginer, l'adoration (et la génétique) de deux personnes aussi désagréables que ses deux parents ne rendirent pas service à la petite reine. Par chance, puisque nous n'avions pas eu d'échanges quand nous étions enfants, j'eus encore moins de contacts avec elle lorsque je fus suffisamment âgé pour choisir ma compagnie.

Bien que la haine absolue de Flossie me fût entièrement réservée, et ce, pour une raison inconnue, elle détestait aussi mon frère et mes sœurs. Toutefois, c'est mon père que je trouvais le plus difficile à comprendre. Pourquoi la laissait-il nous punir ainsi sans nous défendre, même lorsque ses actes à elle dépassaient toute mesure de ce qui était défendable ?

J'avais peur de Flossie et j'avais peur de mon propre père. Aujourd'hui, je comprends qu'il était un tyran, mais qu'il était aussi faible, un véritable lâche, ce qui est sans doute le cas de la plupart des tyrans. Avec Flossie, il avait trouvé son âme sœur.

Je devais découvrir des années plus tard que, vers la soixantaine, Flossie était allée consulter un psychiatre et lui avait raconté les cauchemars qui hantaient ses nuits. Apparemment, le psychiatre aurait déclaré qu'il ne pouvait rien pour elle. Je ne sais pas pourquoi, mais je suis quasiment sûr qu'il ne voulait pas dire qu'elle n'était pas malade : toute personne qui la connaissait pouvait comprendre que son comportement violent, son ego démesuré, sa paranoïa n'étaient pas normaux. Je sais à quel point il est difficile de repousser les cauchemars parce que, à cause de ce qui m'est arrivé quand j'étais enfant, j'en ai fait pendant des années et j'en fais parfois encore. Alors, il semble juste que les cauchemars de Flossie ne la lâchent pas, avec un peu de chance jusqu'au jour de sa mort.

Ce n'était pas seulement nous, mes sœurs, mon frère et moi, qui déclenchions les crises de rage incontrôlables de Flossie. Elle se lançait également dans des querelles monumentales avec mon père, des querelles que n'importe quel adulte aurait trouvées terrifiantes, sans parler d'un enfant. Elle criait et insultait ses propres enfants aussi, en dépit du fait qu'ils venaient toujours avant nous, même avant mon père.

Chaque fois que je m'enfuyais, je pense que les sentiments de Flossie étaient ambivalents. D'un côté, je sais qu'elle était contente que je ne sois pas à la maison. De l'autre, le fait que je lui échappe la rendait folle de fureur. Je suppose que c'était une histoire de domination : c'était elle qui devait décider de ce que je faisais et quand je le faisais. Peut-être qu'elle pensait aussi que quelqu'un risquait de m'apercevoir la nuit dans la campagne, qu'il remarque les bleus sur mon corps et commence à poser des questions embarrassantes. J'étais toujours couvert de bleus parce que, chaque fois que je fuguais, il fallait que je rentre et, alors, Flossie veillait à ce que je paie le prix fort pour mes heures de liberté.

C'est l'une de ces fugues qui fit imaginer à Flossie la punition la plus brutale qu'elle m'ait jamais infligée. En général, mon père laissait faire (il n'est certainement jamais intervenu) lorsque Flossie se défoulait de son considérable malaise sur moi. Toutefois, à cette occasion, il prit activement part à la punition, une chose que je n'ai jamais été capable de lui pardonner.

Je ne me souviens même pas de ce que j'avais fait cette fois-là. Je sais simplement que j'avais passé au moins une nuit dehors dans l'un de mes repaires. Lorsque je rentrai, Flossie se mit aussitôt à m'invectiver, à jurer et à piquer une de ses crises de rage. Elle me frappa à plusieurs reprises sur la nuque, puis s'empara de mon bras gauche en serrant si fort que je craignis que l'os ne casse en deux. Elle me traîna jusqu'à la chambre que je partageais avec mon frère et mes sœurs, enfonçant ses ongles dans ma peau jusqu'à dessiner de petites marques qui se mirent à saigner. Je me tortillais et me débattais, au moins pour tenter de reposer les pieds à terre et me redresser.

Soudain, elle tourna la tête et cria à mon père :

— Viens ici le tenir. Tiens bien le petit saligaud pendant que je lui donne une bonne leçon.

Dès que mon père pénétra dans la chambre et me figea sur place en m'entourant le cou de son bras, Flossie ressortit en hâte et nous entendîmes la porte d'entrée s'ouvrir.

J'avais quatre ans et j'avais déjà accepté comme normales de nombreuses choses qu'aucun enfant ne devrait supporter. Dans mon subconscient, je savais, parce que ma famille me traitait ainsi, que je n'étais pas digne d'amour. Mais ce qui arriva ce jour-là lorsque Flossie revint de l'abri de jardin changea quelque chose au fond de moi et, pour la première fois, je ne fus plus aussi certain que je ne l'avais été auparavant de souhaiter que mon père m'aime.

Pendant que mon père me tenait, Flossie enfonça un long clou en métal entre le pouce et le deuxième orteil de chacun de mes pieds. Elle se recula ensuite pour admirer son œuvre, sourit et déclara :

— Eh bien, cela devrait t'empêcher de prendre la fuite.

Mais ses paroles étaient à peine audibles au milieu de mes cris hystériques.

Je restai penché contre le mur, au bord de l'évanouissement, avant que mes sœurs n'osent s'aventurer dans la chambre pour me réconforter et me distraire pendant que mon frère retirait les clous.

La blessure de mes pieds mit du temps à guérir et j'en gardai des cicatrices qui sont encore visibles à ce jour. Comme n'importe quelle personne qui a été maltraitée dans son enfance vous le dira, ce ne sont pas les marques physiques qui provoquent les cauchemars vous réveillant nuit après nuit, trempé par la sueur froide de la terreur.

C'était une chose épouvantable, impardonnable à faire à n'importe qui – alors à un petit garçon de quatre ans ! Mais cela ne m'empêcha pas de continuer à fuguer, d'autant que, à ce stade, c'était devenu une obsession. En fait, la punition eut l'effet contraire, et je me mis à passer de plus en plus de temps dehors. Hors de ma propre maison, il n'y avait rien d'effrayant, ou du moins c'est ainsi que je le ressentais. Je pouvais courir comme le vent, grimper comme un singe et, lorsque j'imaginais que j'étais un explorateur ou un soldat qui vivait seul dans la jungle avec rien d'autre que son intelligence pour survivre, je pouvais presque oublier ma vie réelle.

Flossie et mon père n'avouèrent jamais à personne que je partais régulièrement. Ils espéraient que, si je fuguais assez souvent, je finirais par tomber sur une quelconque mésaventure qui s'avérerait fatale et qui les libérerait de ma présence pour de bon.

Je n'ai pas de véritables repères chronologiques de mon enfance dans ma mémoire, et j'ignore exactement ce qui s'est passé et quand, mais je suis quasiment sûr que c'était peu de temps après que les blessures de mes pieds furent devenues d'épaisses cicatrices brunes que le Dr Margaret annonça à mon père et à Flossie qu'ils devaient trouver un autre endroit où habiter.

De nombreuses années plus tard, ma sœur m'a révélé que le Dr Margaret voulait m'adopter, mais que mon père avait catégoriquement refusé. Je ne sais pas si c'est vrai. Quand elle me le dit, la seule pensée m'était insupportable : d'imaginer combien ma vie aurait pu être différente me donnait l'impression de suffoquer. Ce que je trouve encore plus difficile, c'est que je ne comprends pas que le Dr Margaret ait eu à la fois envie de m'adopter et d'expulser mon père du pavillon, ce qui nous obligea à déménager loin du seul endroit où elle aurait pu surveiller ce qui se passait.

Quoi qu'il en soit, nous quittâmes le pavillon. J'ai le souvenir très net d'être assis avec l'une de mes sœurs dans un camion de déménagement pour un voyage qui me parut durer des heures. Pour finir, le camion s'arrêta devant ce qui, à l'âge de quatre ans, me fit l'effet d'une immense demeure, mais qui n'était qu'une maison jumelée à deux étages, victorienne, certes, avec un sous-sol dans une rue de banlieue d'une ville du Kent. Ce déménagement marqua peut-être un nouveau début pour Flossie et mon père. Pour moi, cela ne changea rien, sinon que je continuai à être maltraité et à mener une existence misérable dans un nouvel endroit.

Je ne me souviens pas d'être allé à l'école dans le Kent, mais j'ai dû y aller et je pense que c'est un instituteur qui m'a donné la barre de chocolat qui est devenue le symbole des rares bons souvenirs de cette époque. Les friandises et le chocolat ont été rationnés à partir de juillet 1942 (quand j'avais cinq mois) jusqu'en 1949, pour être « dérationnés », mais brièvement parce que la demande était si forte qu'il a fallu revenir aux coupons et qu'ils n'ont été disponibles sans restriction qu'à partir de 1953. Inutile de dire que les bonbons que Flossie pouvait se procurer, elle les mangeait ou les donnait à ses deux garçons ou à la petite reine qui était toujours en tête du rang lorsqu'on distribuait des bonnes choses. Évidemment, moi, je n'étais même pas sur le rang, et je ne pense pas avoir mangé de chocolat avant ce jour-là dans le Kent.

Disposer de quelque chose que les autres membres de ma famille auraient voulu ne m'était jamais arrivé auparavant. Toutefois, je savais aussi que, si n'importe lequel d'entre eux, vieux ou jeune, apercevait ma barre de chocolat, il me la prendrait. Je m'enfermai donc dans les toilettes pour la manger. C'était l'une de ces occasions lorsque la réalité est encore meilleure que ce que vous pourriez imaginer, et cette barre de chocolat fut la meilleure chose que j'aie jamais goûtée. J'ai dit que j'avais très peu de bons souvenirs de notre séjour dans le Kent alors qu'en fait, c'est le seul qui fut réellement bon. Le souvenir suivant remonte à un jour où nous ne vivions là que depuis peu. Un matin, je me réveillai pour découvrir, à ma grande horreur, que j'avais mouillé mon lit. J'avais l'impression d'être entièrement trempé et je frissonnais de froid. Souvent, lorsque Flossie sombrait dans une de ses violentes colères, je ne savais pas ce que j'avais fait pour la mettre dans cet état, mais je sus d'emblée ce matin-là que le fait de mouiller mon lit provoquerait sa fureur la plus noire.

En dépit du fait que je n'avais pas de souvenir conscient de ma mère, je l'imaginais clairement dans ma tête et je me demandais souvent ce qu'elle ferait ou ce qu'elle dirait si elle était là. Allongé dans mon lit, j'essayai de penser à quelque chose, n'importe quoi, qui me permettrait d'endiguer la colère inévitable de Flossie, et ma mère me manquait tellement que j'avais l'impression que ma poitrine allait éclater.

Je ne savais pas comment faire pour laver mes affaires et, même si je l'avais su, il n'y avait aucun moyen de laver et de faire sécher quoi que ce soit sans que Flossie le remarque. Pour empirer les choses, lorsque je me glissai hors du lit et soulevai le bord du drap imbibé d'urine, je vis que le matelas dessous était aussi trempé.

Soudain, la solution m'apparut avec une clarté cristalline : il me suffisait de supporter l'inconfort et l'humidité, et rester au lit assez longtemps pour que le drap et le matelas aient le temps de sécher. Ce n'était pas un plan particulièrement génial, ne serait-ce que parce que, si Flossie était ravie que je ne sois pas dans ses pattes, elle n'allait certainement pas me laisser rester seul dans mon lit toute la matinée. Mais c'était la seule idée que j'avais. En croisant les doigts, je remontai la couverture jusqu'à mon menton et essayai de m'installer le plus possible au bord de la tache humide qui couvrait une zone étonnamment vaste du lit.

Je n'eus pas à attendre longtemps avant que la porte de la chambre ne s'ouvre à la volée et que Flossie, debout sur le seuil, les mains sur les hanches, me jette un regard de mépris absolu.

— Tu te prends pour qui, à traîner dans ton lit comme le petit seigneur du manoir ? cracha-t-elle dans ma direction.

Elle traversa ensuite la pièce et, sans attendre ma réponse, s'approcha du lit, arracha la couverture et m'agrippa le bras de ses doigts aussi fort qu'un étau pour me tirer sur le sol.

Évidemment, elle découvrit la tache sur-le-champ, et c'est d'une voix vibrante de fureur qu'elle s'exclama :

— Espèce de petit… !

D'un mouvement leste, et sans finir sa phrase, elle me traîna jusqu'à la fenêtre ouverte, me tira par le bras et, en poussant, me jeta à moitié dehors. Je ne sais pas si elle était tellement aveuglée par la rage qu'elle avait oublié que nous ne vivions plus dans un pavillon de plain-pied, ou simplement qu'elle ne se souciait guère que la fenêtre de la chambre du premier étage fût à plus de trois mètres du sol. Une chute de cette hauteur m'aurait brisé les os ou, pire, m'aurait certainement tué, et Flossie aurait dû fournir des explications.

Elle n'avait pas mérité d'avoir de la chance, mais moi, si, peut-être. Lorsque je basculai par cette fenêtre un matin ensoleillé dans le Kent, il y a plus de soixante ans, ma sœur aînée était en train de nettoyer les tapis à l'extérieur. C'était l'une de ses corvées habituelles et elle avait déjà sorti tous les tapis de la maison pour les empiler sur les dalles à côté du fil à linge sur lequel elle les pendait un par un pour les battre avec une tapette en osier au dessin de nœud celte. J'atterris pratiquement au centre de la pile de tapis. Ce ne fut pas moelleux et je souffris beaucoup, mais, au moins, je n'étais pas tombé directement sur les dalles en pierre ou sur le béton, ou le matériau dur dont était faite la terrasse. Je fus couvert de bleus et je me fis si mal au poignet que je ne pus m'en servir pendant des semaines, mais, tout bien considéré, j'avais effectivement eu beaucoup de chance.

Quel genre de personne jette un petit garçon par une fenêtre, n'importe quelle fenêtre, même au rez-de-chaussée sans parler du premier étage ? Je suppose que la réponse est : le genre de personne qui cloue les pieds d'un enfant au sol pour l'empêcher de fuguer, qui le gave de moutarde, qui le frappe avec un tisonnier ; le genre de personne qui n'a ni morale ni empathie et qui est incapable, ou refuse, de se contrôler.

Nous habitions encore dans le Kent le jour où mon frère prit des risques pour moi, l'une des deux seules occasions où je le vis le faire. J'étais puni très sévèrement, même si je ne me souviens pas de la punition ou de la raison supposée.

— Si tu n'arrêtes pas, je vais chercher la police ! hurla soudain mon frère à mon père.

Bien que je n'aie pas beaucoup de raisons de lui être reconnaissant, je dois admettre qu'il lui fallut beaucoup de courage pour dire une chose pareille. Mon père a dû l'entendre parce que je me souviens qu'après ça, j'ai eu droit à une brève pause en termes de punitions.

Mon frère avait cinq ans de plus que moi. Il était suffisamment âgé à la mort de ma mère et lors de l'installation de Flossie pour être capable de l'éviter. Je ne me souviens pas qu'il ait été puni, pas plus que mes sœurs, dans les proportions que je devais endurer. Cependant, aucun de nous n'était bien traité. Je sais que mon frère a fait des cauchemars plus tard dans sa vie et il a peut-être enduré plus de choses que j'en avais conscience.

Il y a quelque temps, j'ai réussi à faire cesser les hurlements qui me réveillaient régulièrement, au moins la plupart d'entre eux. Je l'ai fait en utilisant un truc que j'ai appris très jeune : il faut répéter encore et encore dans son sommeil : « Ce n'est pas réel. Tout va bien. Ce n'est qu'un rêve. »

Nous n'étions arrivés dans le Kent que depuis quelques mois que quelque chose a dû se passer. J'ai souvent tenté de repenser à cette époque pour me souvenir de l'événement, mais je n'y arrive pas. Même au cours des derniers jours de sa vie, lorsque de toute évidence ma sœur voulait se délivrer du poids de tout ce qu'elle avait retenu à l'intérieur d'elle pendant des années, elle refusa de parler de ce qui avait causé mon départ de la maison du Kent et de mon éloignement du reste de la famille.

4

Certains événements dont je me souviens ressemblent à des changements soudains de scènes dans un film. Par exemple, je suis allongé dans mon lit dans le Kent, en train d'observer les motifs des ombres qui dansent sur le plafond au-dessus de moi et, la minute d'après, je suis dans le sud du pays de Galles, chez un gentil couple qui possède une boutique. Il est frustrant d'être incapable de combler les énormes vides, mais il est sans doute des pensées qu'il vaut mieux laisser enfouies dans son subconscient : ce que vous ne savez pas ne peut pas vous faire de mal ou, en l'occurrence, vous faire du mal à nouveau.

L'un de mes plus vifs souvenirs de mon séjour au pays de Galles est que le couple m'avait offert un petit voilier. C'était un assez grand bateau en bois (peut-être qu'il me paraissait grand à moi) à la coque peinte en rouge vif et avec de belles voiles blanches. Je ne me rappelle pas l'avoir fait naviguer sur l'eau, mais je me souviens avec précision de la sensation que j'éprouvais lorsque je le pris dans mes mains pour la première fois et que l'homme me disait qu'il était à moi. En fait, il dut me le répéter plusieurs fois avant que je sois capable de comprendre que j'allais posséder un objet aussi magnifique. Il a probablement pensé que j'étais un peu lent. La vérité, c'est qu'à l'exception de la barre de chocolat, personne ne m'avait jamais rien donné avant ce jour.

Un autre bon souvenir de cette époque eut lieu dans l'épicerie du couple. J'étais debout à côté du comptoir lorsque la femme me tendit un petit sac en papier et demanda :

— Tu vois ce grand sac en toile ? dit-elle en indiquant un énorme sac brun dans un coin de la boutique.

Je hochai timidement la tête.

— Prends ce petit sac et va là-bas le remplir de bon sucre.

Comme j'hésitais, elle posa la main sur le creux de mes reins et me poussa légèrement en disant :

— Va donc.

Comme je ne bougeais toujours pas, elle se mit à rire, souleva mon menton d'une main pour que je la regarde directement en face et ajouta :

— On dirait que tu as perdu un sou et trouvé une pièce d'or ! Va, mon garçon. Tout va bien.

Dire que je n'étais pas habitué aux cadeaux serait une litote monumentale. Ce à quoi j'étais habitué, en tout cas jusqu'à ce que je découvre que les choses pouvaient être différentes, c'était qu'on pouvait m'offrir quelque chose pour ensuite se moquer de moi et crier que j'étais vraiment idiot d'avoir pensé que le cadeau pouvait être authentique.

Cette fois-là, personne ne se mit à hurler en me donnant des claques sur la tête ou en m'arrachant le sachet des mains tandis que je le remplissais de sucre. Ensuite, la femme me dit en souriant :

— Emporte ça dehors, mon garçon. Va t'asseoir au soleil.

Je sortis en courant de la boutique, m'installai sur une grosse pierre réchauffée de soleil et ne pensai plus à rien sauf au sucre, jusqu'à ce que j'aie léché le dernier grain cristallisé sur mes doigts.

J'aimerais me souvenir du nom du couple avec lequel j'ai passé ces quelques semaines au pays de Galles. Ces gens ont été si bons pour moi, et j'aimerais mettre un nom sur leur visage lorsque je pense à eux. En fait, tout le monde là-bas était gentil avec moi et, en un espace de temps étonnamment bref, j'oubliai presque Flossie et mon père. Non qu'ils ne fussent plus dans ma tête, mais je cessais de regarder dans mon dos tout le temps en attendant les prochains hurlements ou prochains coups.

Mon seul autre souvenir vivace de cette époque est d'avoir été emmené dans la maison d'une famille dont la petite fille venait de mourir. Je ne sais pas si c'était habituel d'emmener un enfant de cinq ou six ans à peine faire une telle visite ; peut-être que les gens chez qui j'étais n'avaient personne à qui me confier. J'avais dû comprendre qu'il s'agissait d'une occasion solennelle parce que je me souviens d'être en train de marcher docilement, la main dans celle de la femme, sur la petite route tortueuse du village au lieu de sautiller à ses côtés en parlant à tort et à travers comme j'avais commencé à le faire alors que je retrouvais mon humeur spontanée.

À notre arrivée, la porte de la maisonnette jumelée était ouverte et, lorsque nous entrâmes dans le couloir étroit, nous fûmes accueillis par une femme à cheveux gris et à la mine sombre qui parlait à voix basse. Lorsqu'elle ouvrit la porte d'une pièce faiblement éclairée et que je vis la boîte en bois qui trônait en angle contre un mur, je n'avais aucune idée de ce dont il s'agissait. Si je l'avais su, j'aurais sans doute détourné les yeux pour ne pas voir la fillette morte.

Elle devait avoir sept ou huit ans. Elle avait les cheveux blonds et était vêtue d'une robe rose, de chaussures blanches et de socquettes blanches avec une bordure de dentelle. On aurait dit qu'elle dormait, sauf qu'elle paraissait bien trop immobile, avec les yeux fermés, comme une jolie poupée de porcelaine.

Je n'avais pas envie de rester dans cette pièce sombre et sans air à regarder le corps d'une petite fille morte, mais je voulais aussi faire ce qu'il fallait parce que je sentais que c'était important pour le couple qui était si gentil avec moi. Je n'avais aucune envie de les embarrasser ou de les fâcher parce que je n'aurais pas fait ce qu'il fallait.

Alors, je restai sans mot dire entre le boutiquier et sa femme pendant qu'ils penchaient la tête et murmuraient quelques paroles de prière. Je les suivis ensuite hors de la pièce et emportai de cette triste petite maison une image qui ne m'a pas quitté depuis.

Mais j'ai beau faire tous les efforts du monde, je ne me souviens de rien d'autre du temps que j'ai passé au pays de Galles, si ce n'est que j'adorais rester dans la boutique à écouter le bruit des conversations, comme si les gens chantaient au lieu de parler.

Ensuite, la scène change brusquement et le souvenir suivant se situe dans l'appartement de ma grand-mère paternelle dans une maison de Cheltenham.

C'était la première fois que je rencontrais ma grand-mère. Elle vivait avec un jeune couple adorable du nom de Nigel et Delia, et c'est pendant que j'habitais avec eux que je découvris ce que signifiait d'avoir des parents « normaux ». Outre les livres qu'elle m'offrit, ma grand-mère m'acheta mes premiers slips et maillots de corps. Nigel et Delia m'achetèrent aussi des jouets, et je me souviens clairement d'un lapin que, pour une raison depuis longtemps oubliée, j'avais baptisé Wilfred, et d'une petite tortue rouge et jaune en métal, qui était dotée d'une poignée très peu naturelle à une extrémité, mais qu'il suffisait de presser pour que la tortue avance.

Ils m'offrirent autre chose de beaucoup plus important et qui modifia ma vision de l'existence bien plus que n'importe quel jouet : leur temps et leur attention. Aujourd'hui encore, il suffit que je ferme les yeux pour voir le motif du tapis de la salle à manger où nous nous installions pour, le soir et les week-ends, jouer à des jeux ensemble.

Un jour, je suppose que nous découvrirons avec précision le fonctionnement du cerveau et, lorsque ce jour viendra, je pense que nous réaliserons qu'il y a des choses que nous avons toujours su, intuitivement.

Par exemple, il me semble logique que, lorsque des enfants subissent des mauvais traitements pendant de longues périodes de temps, notamment dans leur plus tendre enfance, les séquelles, sous une forme ou une autre, ne disparaissent jamais.

Or, s'il advient quelque chose de bon, peut-être à un moment-clé ou pendant un laps de temps particulièrement long, c'est comme lorsque quelqu'un jette une bouée dans une mer démontée : la bouée n'est pas toujours à portée de main, mais elle va et vient vers vous et, si vous vous donnez beaucoup de mal, vous pouvez l'atteindre et sauver votre vie.

Le temps que j'ai passé au pays de Galles et, plus particulièrement, le temps que j'ai passé avec ma grand-mère, Nigel et Delia m'ont fourni la bouée de sauvetage qui m'a permis de rester à flot à plusieurs reprises par la suite, alors que j'aurais pu me noyer.

J'avais appris très jeune à dissimuler mes véritables sentiments. Lorsque je vivais avec mon père et Flossie, je ne leur montrais jamais que j'étais content (ce qui n'était guère difficile puisque cela n'arrivait que très rarement) et j'essayais de ne jamais le leur faire savoir lorsque j'étais perturbé ou que j'avais envie de pleurer. C'est peut-être pour cette raison que les nombreux souvenirs joyeux de l'époque de Cheltenham sont si importants pour moi, y compris encore aujourd'hui.

Delia, Nigel et ma grand-mère ne criaient jamais ou ne me parlaient jamais méchamment. Ils m'expliquaient toujours tout d'une manière qui me permettait de comprendre et me demandaient souvent mon avis, ce que personne n'avait jamais fait auparavant. La manière dont ils me traitaient modifia totalement ma perception de la normalité.

Je me souviens de n'avoir pleuré qu'à une seule occasion. Un matin, à mon réveil, je constatai qu'une épaisse couche de neige recouvrait les rues et, une fois que ma grand-mère m'eut enveloppé dans un manteau, un bonnet et des gants, je courus au jardin avec Nigel et Delia pour faire un bonhomme de neige.

Ensuite, nous retournâmes à l'appartement pour faire sécher nos vêtements humides et tachés par notre bataille de boules de neige. Tandis que nous nous réchauffions, je n'arrêtais pas d'aller regarder notre bonhomme de neige par la fenêtre.

Au fil des heures, alors que le jour faiblissait, je ne cessai de supplier pour qu'on le fasse rentrer.

— Il fait froid et il est tout seul dans le noir, déclarai-je solennellement à Nigel.

Au départ, il se mit à rire, mais, lorsqu'il comprit que j'étais vraiment désespéré, il redevint sérieux et expliqua que les bonshommes de neige aiment rester dans la neige. J'avais passé suffisamment de nuits seul dehors pour savoir que c'était uniquement préférable aux nuits à l'intérieur avec des gens qui étaient méchants. Mais les gens de l'appartement de ma grand-mère étaient gentils ; alors, j'insistai, jusqu'à ce que Nigel et Delia réussissent à récupérer le bonhomme dans un état plus au moins intact pour l'apporter dans la cuisine où il se mit à fondre. Je pleurai alors dans les bras de Delia.

Une autre chose merveilleuse à propos de Cheltenham était que ma grand-mère avait un chien. J'avais toujours eu envie d'un animal, mais, comme mon père et ma belle-mère avaient déjà assez d'enfants à tyranniser et à tourmenter, ils n'éprouvaient sans doute pas le besoin d'avoir un animal dans la maison, ce qui, tout bien considéré, n'était pas plus mal.

Le chien de ma grand-mère était un berger noir et blanc du nom de Roy. À mon avis, c'était le chien le plus intelligent du monde entier. Tous les matins, ma grand-mère lui glissait une pièce dans la gueule et il traversait la rue, seul, jusqu'au marchand de journaux, où il posait les pattes sur le comptoir, laissait tomber l'argent, prenait le journal qu'on lui tendait et le rapportait à la maison.

Il est stupéfiant de voir combien d'autres compétences et talents la gentillesse, les encouragements et les louanges permettent de développer, chez les chiens aussi bien que chez les enfants.

De même, je ne me souviens pas d'être allé à l'école à Cheltenham, mais, comme j'avais sept ans, j'ai dû la fréquenter. Dans mon esprit, cette époque est davantage marquée par la manière dont je me sentais que par des événements spécifiques. Je faisais partie d'une famille, chose dont j'avais toujours rêvé, mais je ne crois pas y avoir songé en ces termes, à l'époque. J'avais conscience de ne plus être constamment sur mes gardes et de ne plus avoir si peur de laisser les autres voir ce que je ressentais effectivement. Quoi qu'il en soit, l'enfant anxieux, méfiant, parfois très obstiné que j'étais lorsque je quittai le Kent avait été transformé en garçon joyeux et facétieux, un garçon normal de sept ans.

Malheureusement, rien ne dure éternellement.

C'est peut-être vrai que ce qui ne vous tue pas vous rend plus fort. Dans ce cas, je dois au moins une part de ma résilience actuelle aux événements qui allaient se produire ensuite.

Dans le catalogue de mes souvenirs compressés, je joue aux cartes avec ma grand-mère et, la minute d'après, je suis à la gare routière de Royal Well Road à Cheltenham avec Delia et Nigel. Nigel tient une petite valise, et nous demeurons tous trois côte à côte en silence, une chose si peu habituelle en elle-même qu'elle me noue l'estomac d'anxiété au point que j'en ai la nausée, d'autant que Delia me serre la main un peu trop fort et sourit d'une manière peu convaincante, presque larmoyante, chaque fois que je lève les yeux vers elle. Lorsqu'un bus se glisse devant notre arrêt, je perçois le regard que Nigel et Delia échangent et je sais, immédiatement et instinctivement, que mon séjour chez ma grand-mère est terminé.

Debout sur le pont supérieur, au fond du bus, comme un capitaine de camp trapu et prêt à livrer bataille, se tient Flossie, le visage plus fermé que jamais. Je jette un coup d'œil à Delia, mais, cette fois, elle n'esquisse même pas un sourire. Elle essuie seulement ses joues avec le dos de sa main gantée et murmure à son mari :

— Nigel ! Fais quelque chose. Elle est horrible.

Ce fut comme si on avait poussé un interrupteur en moi pour me transformer. D'emblée, le petit garçon qui vivait dans une famille heureuse et faisait toutes les choses normales de son âge redevint le beau-fils de Flossie, un enfant terrifié. En même temps, j'étais redevenu docile face à ce que j'aurais dû ne pas oublier : c'était mon destin, inévitable.

Lorsque Delia lâcha ma main pour s'essuyer le visage, Nigel me prit l'autre et, pendant un moment, nous ne bougeâmes pas. Delia pleurait, Nigel serrait ma main dans la sienne, et Flossie était debout sur la plate-forme située à l'arrière du bus, une main agrippée au poteau métallique et l'autre tendue vers moi. Elle criait :

— Monte dans le bus ! Prends ma main. Allez ! Prends-la, espèce de petit morveux.

Comme Nigel ne bougeait pas, j'eus une petite bouffée d'espoir, comme si des papillons s'agitaient dans mon ventre : peut-être qu'à présent qu'il avait vu Flossie de ses propres yeux, il allait refuser de me laisser partir. Les papillons se mirent à claquer des ailes plus vivement encore lorsque Flossie se pencha pour arracher la valise que tenait Nigel et m'attraper le bras. Nigel ne me lâchait pas.

— Laissez-le partir ! aboya Flossie en direction de Nigel.

Visiblement, elle était totalement indifférente ou n'avait pas conscience de tous les regards gênés et interrogateurs qui s'étaient tournés vers la scène incroyable.

— Mêlez-vous donc de vos oignons. Tout ça n'a rien à voir avec vous !

— Est-ce que le gamin grimpe ou allez-vous descendre ?

Le contrôleur du bus avait le doigt sur la cloche, prêt à sonner pour indiquer au chauffeur qu'il pouvait quitter l'arrêt en toute sécurité. Désormais, tous les passagers observaient la scène, mais je ne dus rester que deux ou trois secondes suspendu, dans un spectacle presque comique, entre Flossie et Nigel qui tendaient chacun le bras. Flossie finit par donner une dernière secousse, et Nigel me lâcha la main. En me traînant sur la plateforme derrière elle, Flossie laissa échapper un jappement de triomphe et, au même moment, la sonnerie retentit et le bus s'ébranla.

Poussé brutalement sur un siège, je glissai directement vers la fenêtre, et Flossie se laissa tomber lourdement à côté de moi. Je tournai la tête pour regarder l'arrêt s'éloigner et je vis que Delia et Nigel étaient toujours là, immobiles. Nigel avait passé le bras autour des épaules de sa femme qui pleurait.

Je ne devais plus jamais les revoir, et il s'écoula beaucoup de temps avant que j'aie des nouvelles de ma grand-mère, mais, au moins, je savais à cause des larmes de Delia et de la réticence de Nigel à me lâcher, qu'ils n'étaient pas responsables de mon départ soudain de Cheltenham (même si Dieu seul sait pourquoi mon père et Flossie voulaient que je revienne avec eux).

Après, je me souviens simplement que, lorsque je descendis du bus, j'étais seul, ce qui me pousse à me demander s'il s'agit du même jour. Pourquoi Flossie n'était-elle plus là ? Je ne me souviens pas de ce qui s'est passé dans l'intervalle. Lorsque mon père me retrouva à l'arrêt d'un village du Gloucestershire, il pleuvait à verse et je portais une lourde valise contenant les vêtements et les livres que ma grand-mère, Nigel et Delia m'avaient achetés. Lorsque je sortis du bus, mon père ne m'accueillit que par un « Suis-moi ! » avant de tourner les talons pour traverser la rue sans venir à mon aide. Je lui obéis du mieux que je pus, me débattant avec la valise qui me heurtait les mollets à chaque pas précipité et anxieux.

Le fait que je sois un optimiste pur jus est une source d'émerveillement constant pour les deux seules personnes auxquelles j'ai raconté mon enfance avant d'écrire ce livre. C'était certainement mon optimisme inné ou une totale incapacité de tirer les leçons de l'expérience qui m'avait permis de penser, lorsque j'ai vu mon père à l'arrêt de bus, qu'il avait peut-être réellement envie que je revienne auprès de lui. Il ne me fallut cependant que quelques secondes pour comprendre que ce n'était pas le cas.

J'étais encore en train de courir en boitillant derrière lui sur la chaussée lorsqu'il s'arrêta, si brusquement que je faillis le heurter. Furieux, il cria :

— Bon sang, donne-moi cette saleté de truc !

Il m'arracha la valise des mains, fit demi-tour et continua au même rythme.

Nous marchâmes longtemps (je veux dire même pour mon père) et je dus parcourir tout le chemin en courant pour rester à sa hauteur. C'était encore plus triste à cause de la pluie torrentielle qui rendait mon père plus furieux, bien qu'il portât un imperméable, un luxe que je n'avais pas. Lorsque nous arrivâmes, j'étais trempé jusqu'aux os et épuisé. Laburnum Cottage se trouvait dans un village situé entre deux bourgs du côté de la rivière Severn. Je ne sais pas exactement depuis combien de temps j'avais quitté ma « chère famille » ou quand ils avaient déménagé du Kent pour revenir dans les Cotswolds, mais il s'était écoulé suffisamment de mois, voire d'années, pour que mes sœurs, mon frère et la petite reine aient grandi au point que j'eus du mal à les reconnaître. Toutefois, il ne s'était pas passé assez de temps pour qu'ils oublient qu'ils ne m'aimaient pas, et le seul faible bonjour émana de ma sœur aînée. Les garçons, mon frère compris, se contentèrent de me jeter un regard agressif et rien moins qu'amical.

Le pays de Galles et Cheltenham appartenaient au passé et j'étais « à la maison », une chose qui, lorsque j'en pris conscience, me fit sombrer dans une tristesse insondable.

Quelques jours plus tard, je commençai l'école dans le voisinage. Une fois de plus, elle ne me laissa pas une impression suffisante pour que j'en garde des souvenirs durables. En fait, tout ce dont je me souviens de ces années d'école est d'être debout sur un plancher dans une grande pièce avec de nombreux autres enfants en train de lancer des sacs de haricots autour d'un cercle. Peut-être que les détails de ce qui se passait pendant les heures bien ordonnées et organisées de mon éducation ont simplement glissé de mon esprit ou ont été occultées par les événements plus spectaculaires et plus marquants qui avaient lieu chez nous.

Tous les soirs, je devais m'acquitter de certaines corvées, notamment de nettoyer toutes les chaussures de la maisonnée, qu'elles soient sales ou non. Il y en avait dix paires : celles de Flossie, de mon père, de mon frère, de trois de mes sœurs, de mes deux demi-frères, de la petite reine et les miennes. Il fallait que je le fasse correctement, c'est-à-dire les frotter jusqu'à ce qu'elles brillent comme un miroir, sans oublier de cirer la languette et le cou de pied. Lorsque j'avais terminé, mon père examinait soigneusement les vingt chaussures une par une et, s'il découvrait le moindre défaut, il me frappait fort sur la tête du dos de la main.

La manière favorite de mon père de s'assurer que j'écoutais ce qu'il disait était de m'expliquer les choses en articulant précisément d'un ton agressif, comme s'il parlait à l'imbécile que Flossie et lui me disaient sans cesse que j'étais. Ensuite, il approchait son visage tout près du mien, au point que mes narines s'emplissaient des relents de son souffle rance et que ses postillons atterrissaient sur mes joues, et il hurlait trois ou quatre fois :

— Compris ?

J'ignore ce qui a rendu mon père ainsi. Il n'a certainement pas hérité du caractère de sa mère, la grand-mère avec laquelle j'avais vécu à Cheltenham pendant une brève période. Alors que mon père était violent et lunatique, ma grand-mère était toujours douce et gentille, et aussi différente que lui de toutes les manières possibles. C'est l'une de mes sœurs qui me raconta des années plus tard que ma grand-mère avait reçu une excellente éducation et que son propre père et son propre grand-père étaient des agriculteurs aisés des Cotswolds. Apparemment, avec mon grand-père, qui était mort si jeune que je ne l'ai jamais rencontré, elle avait plus ou moins renié mon père lorsqu'il s'était marié avec ma mère. Je ne sais pas pourquoi. Tout ce que je sais de ma mère est qu'elle était irlandaise et à peine plus âgée qu'une enfant lorsqu'elle avait épousé mon père.

Quels que soient son passé et la vie qu'il avait menée, le comportement de mon père n'avait aucune excuse. Peut-être que, si sa famille l'avait soutenu, les choses auraient pu tourner différemment, et pour nous tous ; mais tout le monde peut choisir l'adulte qu'il devient, et mon père avait choisi de devenir un tyran malveillant et égoïste.

Outre le nettoyage des chaussures, ma liste de corvées comportait également le désherbage du potager et l'entretien de la mare que mon père avait creusée pour Flossie dans le jardin de devant. Un jour, un week-end, après avoir nettoyé la mare, j'allai jusqu'au champ qui s'étendait derrière la maison et y découvris deux champignons.

La triste vérité est que les enfants ont un besoin viscéral d'être aimés ou, en tout cas, appréciés, à un point tel que, quel que soit le nombre de fois où ils sont blessés ou rejetés, ils continuent à vouloir faire plaisir aux adultes importants de leur vie. Je suppose que c'est la raison qui explique que je rapportais précautionneusement les champignons à la maison pour les donner à Flossie. Même ce geste comportait un risque parce qu'on ne savait jamais comment elle réagirait. À cette occasion, j'eus de la chance, car elle fut clairement ravie.

— Va en chercher d'autres, me dit-elle. Ramasses-en autant que tu peux et je les préparerai pour le dîner de ton père.

Je me sentais presque gai lorsque je ressortis et arpentai le champ en quête d'autres champignons. Je continuai à chercher longtemps, mais je n'en trouvai pas un seul et, tandis que le soleil descendait à l'horizon, mon cœur sombrait aussi. Je finis par retourner à regret à la maison, bredouille.

Lorsque je franchis la porte de derrière, Flossie se tenait devant l'évier de la cuisine. J'avais à peine commencé à lui expliquer que j'avais cherché et cherché encore lorsqu'elle s'empara des deux champignons que j'avais cueillis plus tôt et me les jeta. Cela me prit totalement au dépourvu et je n'eus pas le temps de tourner la tête ou de lever la main pour me protéger le visage : l'un me frappa en plein dans l'œil.

— Dégage ! hurla Flossie. J'aurais dû savoir que tu n'étais même pas capable de faire une chose aussi simple que de ramasser des champignons. Dégage, espèce d'imbécile.

Je sortis comme une flèche de la cuisine pour lui échapper avant que sa colère ne se transforme en rage. Je ne pus cependant pas m'empêcher de penser qu'elle avait raison : j'étais un imbécile de lui avoir montré les deux champignons.

Nous prenions tous nos repas à la table de la salle à manger, où je m'asseyais sur un tabouret placé juste trop loin pour que je puisse atteindre quoi que ce soit sur la table, sauf mon assiette. Je n'aurais jamais osé rapprocher le tabouret ou me lever et, comme personne ne réagissait quand je demandais qu'on me passe quelque chose, je mangeais souvent uniquement ce qui se trouvait dans mon assiette et j'allais me coucher encore affamé.

La petite reine était toujours assise en face de moi. Je n'avais toujours pas le droit de lui parler ou d'avoir quelque contact que ce soit avec elle, ce qui ne m'aurait guère posé de problème si elle n'avait pas passé son temps à me suivre lorsque je rentrais de l'école. Parfois, elle me parlait et, d'autres fois, elle me fixait en silence comme si j'étais une sorte de monstre.

Un soir au dîner, j'étais assis sur mon tabouret comme d'habitude lorsqu'elle dit quelque chose et, sans réfléchir, je tournai les yeux vers elle. Je n'eus aucun signe annonciateur du coup qui me frappa en plein visage, au point de m'envoyer valser sur le sol. Je me recroquevillai dans un coin de la pièce, choqué et cherchant à reprendre ma respiration coupée par le contact du poing de mon père sur ma mâchoire.

— Lève-toi ! aboya-t-il.

Je fis de mon mieux en examinant le visage de tous les membres de la maisonnée qui étaient assis autour de la table et, sur chacun, je vis la même expression de mépris ou de dégoût.

Cette nuit-là, je me couchai sans avoir mangé et, par la suite, je passai tous les repas assis loin de la table, face au mur.

5

Dans mon nouveau foyer, il n'y avait pas de chambre pour moi, ou de place dans les chambres qui étaient occupées par les autres enfants, et je dormais sur un lit en fer sur le palier du premier. Le matelas était dur et fin, bourré de bosses. Par-dessus, à la place des draps, il n'y avait qu'une couverture beige usée jusqu'à la corde et une autre en laine grise dont je me couvrais, et qui était un peu plus large et plus épaisse que celle qui ne cachait pas vraiment le matelas.

Un soir, en montant me coucher, je découvris que mon matelas avait disparu. Personne ne m'en avait parlé et je ne m'attendais pas à avoir une explication parce que personne ne m'expliquait jamais rien.

Je n'osai pas demander ce qui s'était passé ou si je pouvais en récupérer un autre. Je me contentai d'étaler la couverture fine sur les ressorts cassés du sommier, m'allongeai dessus et me recouvris de l'autre couverture avant de m'endormir.

Après cette nuit-là, j'essayai de ne pas me soucier des autres enfants qui ricanaient méchamment chaque fois qu'ils passaient devant mon lit pour aller dans leur propre chambre. Je pouvais me montrer extrêmement obstiné et j'étais bien décidé à ne laisser personne voir que cela me touchait. Ainsi, j'ignorais leurs murmures moqueurs et leur tournais le dos, très lentement parce que les ressorts métalliques d'un vieux lit exigent beaucoup de précautions dans les déplacements !

Je dormais déjà sans matelas depuis plusieurs jours lorsqu'une nuit, je me réveillai en pleine panique en pensant que quelqu'un essayait de m'étouffer. Même avant d'être pleinement conscient, j'étais déjà en train de répéter mon mantra habituel : « Ce n'est qu'un rêve. » Cependant, cette fois, ce n'était pas un rêve parce que quelqu'un était vraiment en train de maintenir un oreiller sur mon visage. J'eus beau me débattre aussi vivement que je le pus, il paraissait impossible de faire quoi que ce soit pour m'en libérer. Je devais m'être endormi sur le côté, le visage tourné vers le haut et, je ne sais comment, je parvins à tordre le cou pour l'enfoncer dans la couverture du dessous. Pour une fois, je fus heureux que cette couverture soit fine et pleine de trous. Lorsque je réussis à accrocher avec mes doigts le cadre métallique du lit, je m'y retins de toutes mes forces, sans lâcher malgré les coups et les tiraillements.

Soudain, aussi brusquement que cela avait commencé, les tractions cessèrent, de même que la pression sur l'oreiller qui me recouvrait la tête. Trempé de sueur et haletant, je demeurai pendant un moment parfaitement immobile, certain qu'il s'agissait d'une ruse et que, dès que je ferais le moindre mouvement, tout recommencerait. Lorsque je finis par me retourner sur le dos, mon agresseur avait disparu.

Après ça, je me réveillai sans cesse la nuit. Je restai dans mon lit, l'oreille tendue, pour écouter les craquements de la maison. J'avais peur de m'endormir, mais le fait de dormir sans matelas me paraissait moins insoutenable qu'auparavant : si j'en avais eu un cette nuit-là, je ne serais pas là pour raconter cette histoire.

Je me réveillais toujours lorsque Flossie et mon père allaient se coucher, mais je gardais les yeux fermés, sans bouger d'un pouce et en faisant de petits bruits qui, je l'espérais, imitaient le souffle du dormeur profondément endormi. Ce n'était jamais une bonne idée d'attirer leur attention dans la journée ou la nuit, mais, lorsque j'étais dans mon lit, je me sentais encore plus vulnérable.

C'est une vulnérabilité dont mon frère et mes demi-frères devaient avoir conscience parce que, chaque fois que mon père et Flossie sortaient pour la soirée, ils venaient au pied de l'escalier et chuchotaient juste assez pour que je les entende.

— L'ogre va venir te manger, Peter. Fais gaffe ! L'ogre va arriver !

Même si je ne savais pas bien qui était que cet « ogre », mon cœur tombait dans ma poitrine et je devais plaquer ma main sur ma bouche dans une tentative désespérée pour arrêter les petits bruits de gémissement qui s'en échappaient.

Le week-end et le soir, après l'école, lorsque les garçons avaient terminé leurs corvées dans la maison, ils allaient parfois jouer dans les champs situés derrière. Je n'avais pas très envie de jouer au genre de jeux auxquels ils s'adonnaient et, bientôt, je me mis à haïr aussi le football. Normalement, ils n'auraient même pas imaginé me laisser me joindre à n'importe lequel de leurs jeux, mais, lorsqu'ils avaient besoin d'un joueur supplémentaire pour commencer un match, ils m'obligeaient à jouer au foot avec eux.

Debout en cercle autour de moi, ils chantonnaient d'un ton de voix plaintif qui était censé imiter le mien :

— Je ne veux pas jouer au foot, je ne veux pas jouer au foot.

Puis, l'un d'entre eux tendait la main pour me bousculer ou me donner un coup de poing et ils se mettaient à chanter :

— OK, je vais jouer !

À ce stade, je cédais pratiquement toujours parce que j'imaginais que ce serait pire si je refusais de jouer avec eux, même si j'avais l'impression que, tout ce qu'ils voulaient, c'était que je reste debout dans les buts tandis qu'ils tiraient sur moi à coups de ballon.

Un jour, mon frère et le plus âgé de mes demi-frères me proposèrent une trêve.

— Nous sommes désolés, déclara mon frère. Tu n'as pas à jouer au foot si tu n'en as pas envie. Tiens, prends un peu de ça.

Il me tendit une demi-bouteille de soda Tizer et, quand il vit que j'hésitais (parce que je pensais qu'il allait me la retirer et me cogner en affirmant que j'étais vraiment idiot de le croire), il hocha la tête d'un air encourageant.

— C'est bon, Peter. Vas-y. Tu peux en boire un peu.

Lorsque je dévissai le bouchon et levai la bouteille de Tizer jusqu'à mes lèvres pour en prendre une gorgée, mon frère et mon demi-frère ne purent retenir leur hilarité. J'allais avaler un peu du liquide couleur d'ambre quand ils se mirent franchement à rire :

— On a pissé dedans ! finit par annoncer mon frère. C'est de la pisse ! Tu allais boire de la pisse.

Le pire, ce n'était pas d'apprendre que j'avais failli boire leur urine, mais que, malgré toutes les preuves du contraire et tous les incidents passés, je m'étais laissé aller à croire qu'ils voulaient être gentils avec moi. Je suppose que, lorsqu'on désire si fort quelque chose, on est parfois prêt à croire l'incroyable.

D'une manière ou d'une autre, notre famille devait piquer la curiosité des voisins du village. Lorsque je tentais d'échapper aux coups, il m'était arrivé d'aller frapper à leur porte. En outre, malgré l'allée qui séparait les deux maisons, le couple âgé qui vivait juste à côté avait dû entendre tous les hurlements et le tapage qui provenaient régulièrement de chez nous ; ils devaient donc avoir une idée claire du comportement de mon père et de Flossie.

C'est peut-être pour cela qu'ils me laissaient toujours entrer lorsque je frappais à leur porte. C'étaient des gens calmes et gentils. Ils ne me posaient jamais de questions : ils se contentaient de me sourire et de parler de tout et de rien tandis que je m'asseyais à la table de leur cuisine et que je mangeais le morceau de gâteau qu'ils me donnaient invariablement. Au moins, j'avais un refuge où aller parfois. Et j'avais souvent besoin d'un refuge.

Il n'y a rien de plus efficace que d'avoir des voisins épouvantables pour se sentir mieux et, dans cette optique, mon père et Flossie devaient fournir à tout le village un véritable service d'utilité publique. Ma belle-mère avait un besoin constant, infantile, d'être le centre d'intérêt, et c'était dans le but d'attirer l'attention de quelqu'un, n'importe qui, qu'un jour, elle jaillit du cottage au beau milieu d'une dispute à grands cris avec mon père et se jeta sur la chaussée.

Chaque fois que Flossie et mon père se querellaient, j'étais terrifié par la violence de leurs échanges et, ce jour-là, je fus en outre gêné parce que j'étais sûr que tout le monde se moquait de Flossie et, partant, de nous tous. Après être demeurée étendue sur le macadam pendant une ou deux minutes sans susciter plus de réaction, elle se releva, retourna dans la maison et reprit sa dispute avec mon père comme si cet intermède hystérique n'avait jamais eu lieu.

Cela faisait des mois que je n'avais pas dormi dehors lorsque je m'enfuis de Laburnum Cottage pour la première fois. Un jour, je rentrai de l'école, et la petite reine se mit à me suivre partout en gémissant comme une diva capricieuse. Je savais ce qui me guettait si je lui adressais la parole et je l'ignorai pendant aussi longtemps que je le pus jusqu'au moment où je répondis oui à une question idiote qu'elle m'avait posée. Dès que le mot sortit de ma bouche, elle courut trouver sa mère.

Quelques secondes plus tard, Flossie déboula dans la salle à manger comme un boxeur enragé, suivie de la petite reine qui, ouvrant les mains qui cachaient son visage larmoyant, me jetait des regards curieux.

Je ne me donnai même pas le mal d'ouvrir la bouche pour tenter d'expliquer ce qui venait de se passer : je savais que c'était une perte de temps. Je serrai les dents et encaissai sans broncher la raclée qui suivit, puis, lorsque tout le monde fut occupé à autre chose, je m'enfuis.

À l'école, je m'étais fait un ami, un garçon du nom de David, et c'est chez lui, dans la maison où il vivait au bord de la Severn, que j'allai ce soir-là. Je sonnai et c'est sa mère qui ouvrit la porte, mais elle appela aussitôt David, qui dégringola les marches deux par deux. Chez moi, il aurait eu droit à une claque sur la tête, voire à une correction en bonne et due forme pour cela.

La mère de David nous sourit et nous fit signe de la suivre dans la cuisine, où elle nous servit un morceau de gâteau dans de petites assiettes à motifs en nous disant de les emporter dans la chambre de David. Elle dut penser que j'étais un peu lent parce que je restai là, bouche bée, tandis qu'elle découpait le gâteau et bavardait gaiement, d'une manière que je n'avais jamais vu Flossie utiliser avec qui que ce soit.

J'attendis que nous soyons en haut et que nous ayons terminé notre gâteau avant d'expliquer à David que je faisais une fugue. Comme le lecteur captivé de romans d'aventures qu'il était, il eut aussitôt une foule d'idées de cachettes, certaines plus réalistes que d'autres, et la manière dont il pouvait m'aider.

Plus tard, nous redescendîmes, et David déclara à sa mère que je rentrais et qu'il allait faire un bout de chemin avec moi. Cependant, au lieu de prendre la route du cottage, nous fîmes un détour jusqu'aux berges de la rivière, où ses parents possédaient un vieux cabanon d'été.

Pendant les quelques jours où je demeurai dans le cabanon, David m'apporta des tranches de pain et de fromage chaque fois qu'il le pouvait. Même si je demeurais parfois seul pendant des heures et que cela puisse sembler triste ou effrayant, ce n'était pas le cas. En comparaison de la maison, c'était vraiment bien, ennuyeux parfois, mais, au moins, personne ne criait ou ne me traitait d'imbécile ou d'âne bâté.

Lorsque David m'apportait à manger, il restait aussi longtemps qu'il le pouvait et me racontait les histoires des livres qu'il lisait. Quand il partait, il disait : « Tu es très courageux » et il ajoutait que j'étais exactement comme un explorateur intrépide dont il avait entendu parler, mais dont j'ai oublié le nom.

Lorsque le père de David découvrit ce qui se passait, je dus quitter le cabanon, mais j'avais bien l'intention de ne pas rentrer à la maison. Je décidai que je dormirais dans une haie où, si je pouvais en trouver une assez épaisse, je serais bien caché et au sec en cas de pluie. Toutefois, il s'avéra qu'une haie n'avait rien à voir avec mes repaires ou une étable, et que le fait de dormir recroquevillé sous les branches et les ronces qui déchirent vos vêtements et vous griffent la peau chaque fois que vous faites un mouvement est encore moins confortable que cela en a l'air.

Bien qu'il n'y eût pas de racines ou de betteraves fourragères dans les champs, je dénichai des œufs de poule et les trouvai étonnamment bons à manger crus (si vous avez suffisamment faim). Au fond d'un jardin, je tombai également sur un abri dont la porte n'était pas verrouillée et qui contenait des cagettes de pommes et de légumes.

Ma quête de nourriture devait avoir lieu la nuit parce que je ne pouvais pas prendre le risque d'être vu en plein jour. D'ailleurs, même l'obscurité ne m'offrait pas toute la protection voulue et, un soir, je faillis être pris parce que j'avais sans doute fait un léger bruit qu'une oreille humaine n'aurait pas perçu, mais qui déclencha les aboiements d'un chien.

Lorsqu'il se mit à japper, mon cœur, qui me donnait déjà l'impression de sortir de ma poitrine à chaque battement, fut sur le point d'éclater. Je laissai tomber les pommes que j'avais volées, sortis de l'abri en courant et filai sans demander mon reste. Toutes ces courses comme le vent dans les fougères ou le sous-bois pour échapper à Flossie ou à mon père m'avaient maintenu en forme lorsque nous vivions dans le pavillon, et je réussis à disparaître sans difficulté, si ce n'est que j'eus les jambes couvertes de griffures.

Si quelqu'un m'avait vu, il aurait été épouvanté : je ressemblais à l'enfant sauvage que Mowgli devait être avant que Disney ne lui donne un coup de neuf pour le film d'animation. J'étais sale. La crasse mêlée au sang de mes blessures recouvrait mes bras et mes jambes, mes cheveux étaient durcis par la boue et garnis de feuilles et de brindilles, et je sentais vraiment mauvais. Je m'étais uriné dessus à plusieurs reprises, et mon slip et mon short trempés avaient fait apparaître des escarres douloureuses autour de ma taille. En outre, j'avais faim, j'étais épuisé et souvent terrifié, et j'aurais sans doute fini par renoncer pour rentrer si on ne m'avait pas retrouvé avant que j'arrive au terme de ce que je pouvais endurer.

C'était le second jour que je passais dans les haies le long de la Severn quand je vis le premier groupe de policiers et de villageois qui criaient mon nom tout en fouillant les buissons et les trous. Un homme s'approcha à quelques centimètres de l'endroit où je me cachais et, bien qu'entouré par une masse de végétation, j'étais sûr qu'il allait me voir.

Je retins mon souffle et plissai les yeux tandis qu'il se rapprochait encore. Puis, juste au moment où il arrivait sur moi, quelqu'un l'interpella et, bien que sa baguette touchât le buisson juste devant moi, il tourna la tête en même temps. Lorsqu'il ramena les yeux vers sa baguette, il avait avancé et m'avait dépassé.

Une minute ou deux plus tard, quelqu'un s'arrêta juste devant moi en appelant « Peter », et je reconnus la voix de David. Vous ne sentez pas l'inconfort, voire la douleur, lorsque vous êtes terrifié, mais, là, j'eus l'impression d'avoir encore plus froid, plus faim et d'être encore plus trempé que jamais de toute ma vie.

— David ! soufflai-je.

Il ne m'entendit pas et je criai son nom un peu plus fort, ce qui le fit sursauter.

Tout fut terminé en quelques minutes. Un policier me ramena à la maison, où je pensais devoir affronter la punition. Or, mon père et Flossie se montrèrent étonnamment contenus dans leurs réprimandes, allant même jusqu'à déclarer qu'ils s'étaient inquiétés à mon sujet et qu'ils étaient contents que je sois de retour. Une fois que le policier nous eut quittés, mon père me donna quand même une raclée en hurlant que j'avais causé d'innombrables problèmes. Flossie cria aussi pendant qu'elle me brossait le corps de haut en bas, si fort qu'elle arracha les croûtes au point que j'eus comme une ceinture de sang autour de ma taille.

En fuguant, j'avais cependant attiré l'attention des autorités et, peu après, nous reçûmes la visite de quelqu'un des services sociaux.

Lorsque l'homme se présenta à la maison, on envoya une de mes sœurs me chercher. J'ouvris précautionneusement la porte du séjour comme je le faisais toujours et, lorsque Flossie m'adressa la parole, j'en conclus spontanément qu'elle était en train de s'adonner à un de ses jeux pervers.

— Ah ! Peter ! s'écria-t-elle d'une voix qu'on utiliserait pour accueillir un ami que l'on n'a pas vu depuis longtemps. Entre, mon chéri, et assieds-toi.

Je me dirigeais nerveusement vers mon tabouret lorsqu'elle se mit à rire et ajouta, en agitant la main vers une chaise :

— Assieds-toi ici, Peter.

Je jetai un coup d'œil à l'homme. Au mieux, il devait penser que j'étais un peu simplet de la manière dont mes yeux allaient de Flossie à mon père et à l'homme, pour recommencer pendant que je m'avançais en me dandinant comme un crabe timoré. En fait, j'étais dans l'incompréhension la plus totale : je n'avais pas le droit de m'asseoir sur une des chaises du séjour, jamais ; Flossie ne m'appelait jamais par mon prénom, mais plutôt par « imbécile » ou un autre terme tout aussi méprisant ; et jamais, au grand jamais, elle ne m'avait donné, ni à moi ni à personne d'autre, du « chéri ». Bien qu'elle ait eu l'air amical (d'une manière angoissante pour ceux qui la connaissaient), elle me lança un regard froid empreint d'une menace voilée que je compris sans peine.

Je m'installai dans la chaise qu'elle m'avait indiquée, mais je gardai un pied à plat sur le sol, prêt à décamper si nécessaire. Mon père se tenait debout près de la porte, derrière la chaise de Flossie, et l'étranger était assis sur le canapé, son attaché-case ouvert à côté de lui. Il portait un complet marron foncé et une cravate vert kaki, et il tenait des papiers dans une main et un stylo dans l'autre. Je pense qu'il me dit comment il s'appelait et qu'il me posa beaucoup de questions, pour savoir si j'aimais vivre dans le cottage, les choses que j'aimais manger, si je me couchais parfois en ayant encore faim, si je m'entendais bien avec mes frères et sœurs, si j'étais heureux et comment mes parents me punissaient lorsque je faisais des bêtises, si je me comportais bien à l'école et si j'aimais ça ou encore si j'avais des amis.

Pendant tout ce temps, mon père et Flossie me fixaient avec un sourire presque identique plaqué sur le visage. En dépit de ce qu'ils persistaient à affirmer, j'étais loin d'être stupide, et la performance que je jouai ce jour-là aurait été digne d'un Oscar.

L'homme prit note de mes réponses, de l'état de félicité dans lequel je vivais avec ma famille aimante dans notre merveilleuse maison, puis se leva, serra la main de mon père et partit. Dès que la porte se fut refermée derrière lui, le sourire amical de Flossie se transforma en expression de satisfaction méprisante. Elle tendit la main pour me donner une claque sur la tempe et m'intima de reprendre la corvée que j'étais en train d'exécuter avant l'arrivée de l'homme.

Je ne le revis jamais, pas plus que je ne m'assis sur une chaise du séjour dans le cottage.

Les services sociaux ont peut-être été satisfaits de mes conditions de vie, mais la visite de l'homme ne changea strictement rien. Mon père et ma belle-mère continuèrent de me battre à la moindre infraction de leurs règles, aussi minime fût-elle, et je continuai à fuguer. Parfois, je revenais au bout d'un ou deux jours, poussé par la faim, et, à d'autres occasions, c'était la police ou un voisin bien intentionné mais aveugle qui me ramenait.

Lorsqu'un enfant persiste à « poser des problèmes » en fuguant, il semble logique de penser qu'il est nécessaire d'en chercher la raison ailleurs que chez l'enfant lui-même. J'eus de la chance que certains de nos voisins le comprennent parce que, parfois, ils me laissaient entrer chez eux et me donnaient une boisson chaude ou quelque chose à manger. Une fois ou deux, j'eus même le droit de passer la nuit et de prendre un bain avant de m'endormir dans des draps blancs tout frais, dans un lit chaud et confortable.

Toutefois, en général, je m'enfuyais dans les champs pour dénicher un abri qui n'était pas fermé à clef ou un cabinet extérieur dans lequel je pouvais dormir pendant un jour ou deux. J'avais désormais apprivoisé la plupart des chiens du village (mais peut-être n'aboyaient-ils plus parce que je dégageais pratiquement la même odeur qu'eux).

Dans le village, les gens parlaient peut-être entre eux de ce qui se passait à Laburnum Cottage ; dans ce cas, peut-être que leurs enfants les entendaient et se sentaient désolés pour moi, ce qui expliquerait que j'avais tant d'amis dans le coin. Chaque fois que je fuguais et que l'un d'entre eux me croisait, il me lançait dans un murmure de conspirateur d'attendre là et il se précipitait chez lui pour aller me chercher quelque chose à manger.

Flossie et mon père devaient être contents d'être débarrassés de moi, et les services sociaux avaient décidé de faire comme si de rien n'était ; du moins, c'est ce que je pensais parce que j'avais du mal à croire que les autorités n'avaient pas compris ce que tout ce que le village semblait savoir.

C'est peut-être qu'ils ne savaient pas que faire de moi, ce qui n'aurait pas vraiment eu d'importance si je n'avais pas été en train de me retirer dans mon monde, un monde dans lequel je ne voulais voir personne entrer.

Je n'étais pas grossier ou irrespectueux, bien au contraire. J'avais eu mon lot de méchancetés et de mots cruels pour ne pas vouloir les répéter, et je pense que je savais que, si je voulais que les étrangers soient gentils avec moi, il fallait que je me montre poli. Je voulais simplement qu'on me laisse tranquille ; alors, je n'engageais jamais la conversation sauf si j'avais besoin de quelque chose. J'ai dû donner l'impression d'être un étrange petit garçon. J'étais certainement méfiant et toujours plus à l'aise à regarder les choses discrètement sur le côté que de prendre part à l'action.

Bien sûr, je ne passais pas mon temps à courir la campagne et à dormir à la belle étoile : si je n'avais pas fréquenté régulièrement l'école, on aurait certainement pris des dispositions. Je fuguais lorsque quelque chose de vraiment insupportable se passait à la maison ou quand j'étais puni de manière particulièrement cruelle ou injuste, mais je revenais toujours au bout d'une ou deux nuits.

Un jour que Flossie m'avait battu avec le tisonnier avant de me bourrer de coups de pied, je réalisai soudain qu'il fallait que j'en parle à quelqu'un. C'était un sentiment que je ne me souviens pas d'avoir éprouvé auparavant et, une fois que l'idée entra dans ma tête, elle se développa jusqu'à en devenir une véritable obsession.

Je ne sais comment, mais j'avais entendu dire (sans doute par quelqu'un de la famille) qu'une parente de mon père du nom de Sonia Denby habitait dans un bourg voisin. Un jour, je décidai qu'au lieu de m'enfuir dans la campagne, j'irais la voir. Je ne savais pas exactement à quelle distance se trouvait la petite ville, mais, comme il y avait une pancarte au croisement de notre village, je me dis que cela ne devait pas être très loin.

J'avais neuf ans et, lorsqu'il le fallait, je pouvais me montrer extrêmement déterminé. À cette occasion, j'étais fermement résolu à trouver la parente de mon père pour lui parler des coups et de la manière dont je me sentais quand je me réveillais tous les matins et que je ne voulais pas sortir du lit parce que j'avais peur de ce qui allait se passer. En fait, j'étais si décidé que j'étais préparé à la punition terrible qui s'ensuivrait parce que j'avais décidé d'emprunter le vélo de Flossie.

J'avais le sommeil léger et j'étais souvent réveillé, toutes les nuits, par des bruits et des cauchemars. Ce matin-là, je me levai très tôt, enfilai mes vêtements et me glissai hors de la maison pendant que tout le monde dormait encore.

La bicyclette était appuyée contre le mur de l'arrière-cuisine, où Flossie le rangeait toujours (en ces jours-là, il ne risquait guère d'être volé). Comme j'avais l'habitude de me déplacer sans bruit lorsque je filais dans la campagne, je réussis à aller jusqu'à la route en poussant le vélo, je grimpai dessus et je me mis à pédaler aussi vite que je le pus vers le croisement et, à partir de là, le long de la route jusqu'au village où j'espérais trouver Sonia Denby.

Comme cela se produisit souvent dans mon enfance, il valait tout aussi bien que je ne sache pas ce qui m'attendait. Dans ce cas, je n'avais pas prévu que le trajet serait si long. Si j'avais su que le village était à près de dix kilomètres, je ne serais peut-être pas parti.

Comme c'était une bicyclette de femme, elle n'avait pas de barre, mais c'était mieux parce que la selle était bien trop haute pour moi et que mes pieds n'atteignaient pas les pédales. Au départ, j'avançai en oscillant, heurtant l'accotement à plusieurs reprises, et je faillis foncer dans la haie, mais je finis par maîtriser l'engin.

Sauf dans les descentes, où je pouvais prendre place sur la selle, je demeurais debout sur les pédales, ce qui signifiait que je n'arrêtais pas d'aller et venir de haut en bas jusqu'à ce que les muscles de mes jambes me donnent l'impression d'être en feu. J'arrivai ensuite dans une longue pente raide, au point que je fus obligé de descendre pour pousser le vélo, et c'est alors que je commençai à me décourager un peu en me demandant si j'allais arriver ou non à destination, ou bien si j'allais devoir rebrousser chemin et retourner à la maison pour affronter la colère du siècle.

Je n'avais pas davantage réfléchi à la distance qui me séparait de la maison de Sonia Denby qu'à la manière dont j'allais repérer l'endroit exact. Rétrospectivement, ce fut presque un miracle que, sur une population de près de quatre mille âmes à l'époque, l'une des personnes auxquelles je posai la question fût en mesure de m'expliquer où je devais me rendre.

Ce n'est que lorsque j'eus appuyé la bicyclette contre la clôture en bois et poussé le portail qui séparait le jardin de devant du trottoir, que l'idée me vint que je pourrais ne pas être accueilli à bras ouverts par un parent qui n'était probablement même pas au courant de mon existence. Lorsque j'eus rassemblé assez de courage pour frapper à la porte, j'espérais presque que personne ne réponde. Je me sentais nauséeux, mes paumes étaient en sueur et, chaque fois que j'essayais de me concentrer, j'entendais une voix ironique qui disait à l'intérieur de ma tête : « Pourquoi es-tu donc venu, espèce d'imbécile ? »

J'étais sur le point de faire demi-tour et de m'enfuir dans l'allée du jardin lorsque la porte s'ouvrit.

La femme qui me regarda avec un air interrogateur, mais pas inamical, dut voir un gamin crasseux, mal vêtu et taché de graisse (ce que j'étais).

Soudain, la détermination balaya tous mes doutes et ma gêne : je n'avais pas fait tout ce chemin à vélo pour me voir claquer la porte au nez ! Avant que la femme n'ait le temps de dire quoi que ce soit, je lançai :

— Je m'appelle Peter Kilby. Je suis venu tout seul de très loin à bicyclette pour voir Sonia Denby parce qu'elle est de ma famille.

Les mots dégringolèrent de ma bouche d'une seule traite et je comprends qu'elle a dû avoir du mal à les distinguer les uns des autres, mais elle me sourit et dit :

— Si tu peux me raconter tout ça plus lentement, je pourrai comprendre ce que tu veux dire.

Alors, je lui répétai ce que je venais de dire et

j'expliquai de manière plus cohérente qui j'étais et pourquoi j'étais venu. Elle me serra solennellement la main et déclara :

— C'est moi, Sonia Denby.

Puis elle fit un pas en arrière et m'invita à entrer dans la maison.

6

Je suivis Sonia Denby dans la cuisine de sa petite maison mitoyenne et je pris place devant une table en bois toute propre pour boire le verre de lait qu'elle m'offrit. Je répondis ensuite à ses questions et lui racontai ma vie en lui expliquant qu'il n'y avait personne à qui je pouvais me confier et que, lorsque quelqu'un avait dit que mon père avait de la famille qui vivait dans le bourg voisin, je m'étais décidé à venir lui rendre visite.

— C'est vous, cette famille, précisai-je au cas où elle aurait eu du mal à débrouiller ce que je lui avais raconté.

— Oui, je l'avais compris, dit-elle en souriant d'un air un peu triste et en me tapotant la main.

Elle me posa à son tour quelques questions, puis se leva, posa sa main sur mon épaule pendant un moment et déclara :

— Eh bien, Peter, tu as d'abord besoin d'un bon bain chaud.

Elle ajouta que cela soulagerait mes courbatures, mais je pense qu'elle trouvait également que j'avais les mains sales et les mollets graisseux.

Après le bain, je retournai à la cuisine, et Sonia me fit à manger pendant que je continuais mon histoire. Je n'avais jamais parlé à personne des punitions, des coups et de la méchanceté que j'avais eu à endurer d'aussi loin que je m'en souvienne, et c'était comme si j'avais ouvert les vannes et que tout le malheur qui s'était accumulé en moi se déversait telle l'eau d'un barrage.

— Je vais écrire à ton père, annonça-t-elle lorsque ma logorrhée finit par s'épuiser. Lorsqu'il comprendra que quelqu'un est au courant de ce qui se passe, cela l'arrêtera, surtout si je lui dis que j'irai voir la police s'il ne cesse pas.

Il ne me traversa pas l'esprit qu'une lettre de ce genre risquait d'aggraver mon cas. Elle semblait tellement sûre que cela aurait l'effet voulu que je décidai de la croire sur parole. D'ailleurs, pour ma part, j'avais toujours un peu peur des policiers qui me ramenaient parfois à la maison après mes fugues, et il me semblait logique que mon père et Flossie en aient peur aussi.

Après avoir partagé ce secret que je gardais en moi depuis si longtemps, je me sentis presque heureux, et pas seulement parce que la femme avec laquelle je l'avais partagé (une femme qui n'avait aucune raison de se soucier de moi ou d'avoir un intérêt minime pour ce qui m'arrivait) avait cru ce que je lui disais.

Le mari de Sonia entra dans la cuisine et, pendant qu'elle écrivait la lettre, il m'emmena dans le séjour, où il ouvrit le tiroir d'un buffet ancien en chêne pour en sortir une boîte en bois rectangulaire. Je me penchai pendant qu'il ouvrait la boîte et il éclata de rire lorsque je laissai échapper un soupir d'étonnement en voyant le pistolet. Je n'avais jamais vu une vraie arme avant et j'étais vraiment impressionné.

— Veux-tu le tenir ? me demanda M. Denby en soulevant le pistolet pour le sortir de la boîte.

Je lui jetai un regard aigu en essayant de deviner s'il plaisantait ou non, mais, en dépit de son grand sourire, sa proposition paraissait sincère. Je hochai donc vigoureusement la tête.

Le pistolet était si lourd qu'il me fallut le tenir à deux mains et, tandis que j'étais là, debout, en train de l'examiner, j'éprouvai une soudaine bouffée de fierté d'avoir l'air d'un garçon auquel on peut faire confiance pour tenir un pistolet.

Lorsque Sonia Denby eut fini d'écrire sa lettre, elle la plia et me la tendit en disant :

— Tu ferais mieux de rentrer. Il faut que tu sois chez toi avant la nuit. Tout ira bien, hein ? Tu connais le chemin ?

Je mourais d'envie de dire que je ne voulais pas rentrer chez moi, plus jamais. Je voulais rester dans cette jolie maison toute chaude avec ces deux personnes si gentilles et ne jamais revoir Flossie ou mon père ou n'importe qui de ma famille. Plus jamais.

Mais je ne voulais pas non plus avoir l'air d'être un bébé. Alors, j'ai dit que, oui, merci, je connaissais le chemin. Je pris la lettre et je l'enfilai dans la poche de mon pantalon court et, l'estomac plein et un peu d'espoir dans le cœur, je grimpai sur la bicyclette en direction de la maison.

Lorsque je quittai la grand-route pour prendre celle qui me conduisait au village, il faisait pratiquement nuit et il commença à pleuvoir. J'avais peur d'arriver trop tard au cottage, d'autant que j'allais déjà avoir des tas de problèmes pour de nombreuses autres raisons, dont le fait que d'avoir pris le vélo avait obligé Flossie à aller à pied pour faire les courses ce matin-là. Je ne sais pas pourquoi, je pensais que l'heure à laquelle je rentrais avait son importance. Lorsque la pluie se transforma en averse torrentielle, je n'eus d'autre choix que de m'arrêter pour me mettre à l'abri.

Je descendis du vélo pour le pousser dans un petit bois sur le côté de la route et je l'appuyai contre un arbre avant de me glisser sous un épais fourré en adoptant une position qui s'avéra finalement assez confortable malgré l'humidité. Assis là, en attendant que la pluie se calme un peu, pendant que le crépuscule faisait place à la nuit, je commençai à me sentir un peu somnolent.

Lorsque je me réveillai, la pluie avait cessé et il me fallut un moment pour réaliser que la lueur du ciel provenait du soleil qui se levait. J'avais froid, mais j'étais relativement sec, sauf ma hanche droite qui avait dû se trouver directement sous un écoulement persistant. Je glissai les mains dans les poches trempées de mon pantalon court et c'est là que je me souvins de la lettre. Lorsque je la vis, froissée et émaillée de taches d'encre bleue à la place de certains mots, je fondis en larmes. Après tous ces efforts, toutes les heures à vélo, tout le courage que j'avais dû réunir pour raconter à quelqu'un des choses dont je n'avais jamais osé parler, la pluie avait emporté certains des mots qui auraient pu tout changer pour moi.

Ce matin-là, si j'avais eu un autre lieu où aller, je ne serais jamais rentré à la maison. Mais, comme il n'y avait pas d'endroit pour moi, je repliai la lettre et je la mis dans la poche gauche, sèche, de mon short. Puis j'essuyai les larmes de mon visage sale avec le dos d'une main encore plus sale, sortis la bicyclette du bois pour la pousser jusqu'à la route et je me mis à pédaler en direction de Laburnum Cottage.

J'arrivai au moment où tout le monde se levait. Chaque fois que j'avais vraiment peur, mon estomac se tordait et ma tête était lourde, comme si elle était pleine de quelque chose qui m'empêchait de penser clairement. C'est comme ça que je me sentais ce matin-là lorsque je posai la bicyclette contre le mur de l'arrière-cuisine et que j'allai m'installer dans un coin du jardin, à l'arrière de la maison, où je savais que personne ne pouvait me voir depuis les fenêtres.

Lorsqu'une de mes sœurs me découvrit, en ouvrant la porte de derrière, elle fut aussi surprise que moi. Je mis un doigt sur ma bouche et chuchotai :

— Ne dis rien.

Pendant une seconde, elle me dévisagea avec une étrange expression sur le visage avant de rentrer en fermant la porte derrière elle.

Peu importe la manière dont j'allais entrer dans la maison ; de toute façon, je devrais affronter la colère, mais j'aurais aimé que ma sœur soit de mon côté, ne serait-ce que parce qu'elle n'aurait pas prévenu mon père et Flossie que j'étais rentré. Cela m'aurait réconforté un peu. Soudain, j'eus la sensation d'être seul au monde.

Quelques secondes plus tard, la porte de derrière s'ouvrit de nouveau, cette fois sur mon père qui sortit de la maison comme un taureau furieux. Il était torse nu et ne portait qu'un bas de pyjama. Il avait l'air d'avoir été interrompu en train de se raser.

J'avais sorti la lettre de Sonia de ma poche, la lettre que je priais avec ferveur qui me sauverait, et je la serrais fermement lorsque mon père tendit la main pour m'attraper par le col.

— Tu... Tu dois d'abord lire cette lettre ! bafouillai-je en poussant le morceau de papier humide vers lui.

Sans relâcher sa prise sur mon cou, mon père m'arracha la lettre des mains et m'entraîna dans l'arrière-cuisine en exigeant que je lui dise où j'étais passé.

— Je… Je suis allé voir… Sonia, dis-je.

J'étais en colère contre moi-même parce que je bégayais et que j'avais l'air terrifié alors que j'aurais dû adopter l'attitude forte de quelqu'un qui est sur le point de dévoiler une arme invincible.

— Qui diable est cette Sonia ? hurla mon père.

— Sonia Denby, ta parente.

Je voulais à tout prix expliquer tout avant qu'il ne commence à me frapper.

— Si tu me fais encore du mal, elle va aller tout raconter à la police.

Mon père émit un grognement et me bouscula avec une telle force que je m'écrasai contre les rayonnages du mur situé derrière moi.

— Qu'est-ce que tu sais de Sonia Denby ? aboya-t-il. Est-ce que tu as espionné les conversations qui ne te regardent pas ? Que lui as-tu dit ? Il vaut mieux que tu répondes « Rien » parce que tu risques de regretter d'avoir mis ton nez là où il ne fallait pas !

— C'est dans la lettre ! m'écriai-je en essayant de retrouver une assurance que je n'éprouvais pas.

Et si la lettre ne contenait plus qu'une succession de taches d'encre illisibles ?

Mon père leva la main et je me mis à trembler en tournant la tête pour éviter le coup que je voyais venir en pleine face, mais, au lieu de me frapper, il hurla :

— Reste là !

Il sortit de la pièce et ferma la porte en emportant la précieuse lettre.

D'abord, j'entendis murmurer dans la cuisine, puis Flossie cria quelque chose, et mon père lui répondit lui aussi en criant. Ils continuèrent à se disputer ainsi pendant un moment. Je devinais qu'ils étaient furieux. La lettre était-elle suffisamment lisible pour qu'ils puissent comprendre ce que Sonia avait écrit ? Une part de moi espérait que c'était le cas ; une autre part était terrifiée de ce que mon père et Flossie pouvaient faire s'ils pensaient qu'ils étaient menacés par quelqu'un qui ne pouvait ou ne voulait pas aller au bout de ses menaces.

Lorsque la porte s'ouvrit, je frissonnais de la tête aux pieds, de froid et d'épuisement, mais aussi parce que je ne pouvais plus supporter cette terreur qui se cramponnait à moi parce que je ne savais jamais ce que la minute suivante me réservait.

— Va te laver et file au lit. Pas d'école pour toi aujourd'hui, annonça mon père d'une voix dure.

Ses yeux étaient chargés de colère et de haine.

Tout en sachant qu'il n'en avait pas encore terminé avec moi, j'eus une bouffée de soulagement à l'idée que, quel que soit le malheur qui me tomberait dessus (l'expérience me disait que je n'y échapperais pas), je disposais d'un répit provisoire. Dès qu'il aurait fini de se raser, mon père s'habillerait pour aller travailler et, si Flossie restait dans les parages, avec un peu de chance, elle serait trop occupée pour s'inquiéter de moi pendant au moins les deux prochaines heures.

Après m'être rapidement et sommairement lavé à l'eau froide au robinet en cuivre de l'arrière-cuisine, je filai en haut jusqu'à mon lit sur le palier et je m'endormis avant que la porte d'entrée ne se referme sur le dernier des enfants qui partaient pour l'école. J'étais affamé et j'avais quand même dormi dans le bois la nuit précédente, mais, sous le coup de l'épuisement, je sombrai dans un sommeil profond qui dura jusqu'à la fin de la journée.

Lorsque mon père rentra du travail, il envoya l'une de mes sœurs me dire de m'habiller et de descendre dîner.

Comme d'habitude, je mangeai sur mon tabouret, face au mur, mais j'avais si faim que j'aurais mangé debout sur les mains dans l'étang du village si on me l'avait ordonné.

À ma surprise, et à mon immense soulagement, personne ne m'adressa la parole pendant tout le dîner. En fait, personne ne dit grand-chose à personne. Ensuite, on m'envoya au lit, ce qui me paraissait un bonheur plutôt que la punition que cela était censé être, et, le matin suivant, je pus aller à l'école.

Comme je dormais sur le sommier métallique du palier, je n'avais pas d'endroit où poser mes vêtements lorsque je les retirais pour la nuit, sauf sur le sol sous le lit. Ce matin-là, ils étaient encore légèrement humides et très froissés lorsque je les enfilai. À l'école, personne ne faisait jamais de remarques sur mon allure crasseuse, même lorsque je me présentais avec les vêtements que je portais après avoir passé une ou deux nuits dehors, sous une haie ou dans un fourré. En fait, les autres enfants étaient étonnamment peu critiques, les enseignants étaient gentils et ne faisaient rien qui aurait pu me donner l'impression d'être plus différent que ce que je me sentais déjà, et la femme qui servait à la cantine me donnait toujours une part en plus en me faisant un clin d'œil.

Chaque fois que je retournais en classe après avoir été absent un ou deux jours, ma maîtresse me demandait où j'étais allé et si tout allait bien. J'avais trop peur de lui dire la vérité, même après avoir eu le courage d'aller parler à Sonia Denby, et, bien qu'elle se donnât toujours le mal de me laisser parler si je le souhaitais, elle n'insistait pas.

Comme je l'ai dit, je n'avais pas vraiment cru que la lettre changerait quoi que ce soit, de manière positive, je veux dire, mais, pendant les quelques semaines qui suivirent, ni mon père ni Flossie ne me frappèrent ou ne me punirent. Ce qu'ils firent, c'est qu'ils me mirent en quarantaine, et personne de la famille ne m'adressa la parole ou parut remarquer mon existence. Personne ne me regardait et, pour moi, ce n'était pas une punition mais un soulagement. Je savais cependant que cela ne pouvait pas durer.

Je n'étais pas directement concerné par l'incident qui mit abruptement fin à cet état relativement paisible qui régna pendant un temps à Laburnum Cottage. Les premiers signes annonciateurs de la fin de la trêve furent marqués par une dispute entre mon père et Flossie. Leurs voix montèrent jusqu'à ce qu'ils se mettent à hurler des insultes, puis, soudain, l'enfer se déchaîna et mon père se mit à parcourir toute la maison en aboyant à tue-tête.

Au moment où cela avait commencé, j'étais assis sur mon lit et, lorsque je jetai discrètement un œil dans l'escalier, je vis que mon père tenait une petite hache et qu'il réduisait en miettes tout ce qui lui tombait sous la main. Pour ajouter à la confusion terrifiante, Flossie courait derrière lui en poussant des cris aigus, le dépassant de temps à autre pour l'empêcher de détruire tous les meubles dans une tentative bien malavisée.

Pour Flossie et mon père, les bagarres faisaient partie intégrante de leur relation. Cinq ou six fois par semaine au moins, ils criaient, hurlaient et se jetaient des objets à la tête. Lorsque cela se produisait, bien que mon estomac fît de petits nœuds sous l'effet de l'anxiété, j'y étais habitué.

Cette fois, je sus immédiatement que c'était différent. J'attendis jusqu'à ce que mon père ait chargé comme un agent destructeur pris de folie en direction du séjour pour dégringoler les marches et me précipiter hors de la maison, bientôt suivi par toute la fratrie et ma demi-sœur (mes demi-frères avaient déjà déménagé pour aller vivre dans des endroits qui ressemblaient moins à des zones de guerre).

L'arrière-cuisine avait un toit en tuiles, une cheminée en briques au centre du mur extérieur et une gouttière qui descendait jusqu'au sol. Il m'arrivait souvent de grimper sur la gouttière lorsque le danger menaçait et de me recroqueviller pour me cacher derrière la cheminée. C'était une bonne cachette, notamment lorsqu'on faisait du feu et que la cheminée était chaude. C'est donc là que je filai à cette occasion, la peur aux trousses me faisant monter la gouttière à une vitesse record.

Pour n'importe quel observateur, on aurait dit une scène tirée d'un film comique. Mon père sortit comme une fusée par la porte de derrière, courut dans tout le jardin et retourna dans la maison par la porte de devant en hurlant :

— Je vais le tuer, ce petit salopard. Où est-il passé ? Attendez que je le trouve et je vais lui casser les os un par un. Je vais le tuer !

Toujours sur ses talons, Flossie avait l'air d'essayer de le calmer, mais la manière dont elle criait n'était sans doute pas la meilleure méthode pour y parvenir.

Derrière la cheminée, je tremblais et je frissonnais, le sang battait dans ma tête, lorsque je compris brusquement que le salopard que mon père voulait tuer, c'était moi ! Je ne voyais pas quelle en était la raison, mais je fus soudain envahi par une vague de terreur pure. Je savais que, s'il me mettait la main dessus alors qu'il était dans une telle rage, il pouvait me blesser sérieusement. Je savais aussi que Flossie ne me protégerait pas avec la ferveur qu'elle employait pour sauver ses meubles. Ma seule chance était de rester caché aussi longtemps que possible, du moins jusqu'à ce que mon père se soit suffisamment calmé pour renoncer à la hache.

Lorsque le circuit de mon père autour de la maison et du jardin le conduisit une nouvelle fois avec Flossie de l'arrière-cuisine à la porte de devant, mon frère apparut soudain juste en dessous de l'endroit où je me cachais et m'appela, très doucement, mais avec un ton pressant. Je chuchotai à mon tour en déplaçant la tête juste assez pour glisser un œil sur le côté de la cheminée.

— Descends ! Vite ! siffla-t-il dans ma direction. Viens ! Nous n'avons que quelques secondes.

Je n'avais guère d'autre solution et je fis ce qu'il me demandait en descendant le plus rapidement possible le long de la canalisation. Dès que j'eus mis le pied au sol, il m'attrapa la main et m'entraîna vers le potager au fond du jardin, me poussa pour me forcer à m'allonger le visage contre la terre à l'odeur aigre, entre deux rangs de choux et de jeunes pousses, avant de se jeter à mes côtés.

Il est vrai que j'étais plus terrifié que je ne l'avais jamais été dans toutes ces années terrifiantes de ma vie, mais je me sentais quelque peu réconforté par la présence de mon frère et par la pensée qu'il avait pris le risque de venir me trouver. Ce n'était que la seconde fois qu'il avait tenté de me venir en aide et c'était la dernière. À cet instant précis, j'étais simplement reconnaissant de ne pas être seul.

Nous restâmes là, allongés côte à côte, osant à peine respirer, pendant ce qui me parut durer des heures. En réalité, cela ne dura sans doute que quelques minutes parce que Flossie et mon père ne ressortirent pas de la maison. Enfin, mon frère murmura :

— Ils sont en haut, dans la chambre.

Il retira alors sa main qui maintenait ma nuque, et nous nous relevâmes.

— Va te laver le visage, souffla-t-il pendant que nous rentrions dans la maison sur la pointe des pieds.

J'entrai dans l'arrière-cuisine et je pris de l'eau froide dans mes mains au robinet. Je contemplai un moment l'eau sale qui s'écoulait par la bonde et disparaissait.

Pendant que je me lavais le visage, j'entendis les filles qui se faufilaient dans la maison. Je venais de prendre la serviette pour m'essuyer lorsqu'une de mes sœurs s'arrêta sur le seuil et lança d'un ton acerbe :

— Tout est ta faute !

Je savais qu'elle avait probablement raison, ne serait-ce que parce que l'expérience m'avait appris que, d'une manière ou d'une autre, tout était toujours ma faute, même si j'ignorais pourquoi. Cette fois-là, la seule raison qui me vint à l'esprit était que la rage furieuse de mon père était en lien avec la lettre de Sonia.

Lorsque je sortis de l'arrière-cuisine, mon frère m'attendait.

— Je pense que c'est le moment ou jamais pour que tu t'éloignes pendant un moment, me dit-il. Tu n'es pas en sécurité ici.

— Mais pourquoi ? Que s'est-il passé ? Je n'ai rien fait !

— Il faut que tu partes, c'est tout, répondit-il.

Mes sœurs et mon frère me regardaient rarement dans les yeux, mais, là, mon frère me fixa pendant un moment avant de hausser les épaules en répétant :

— Fiche le camp, c'est tout.

Après un passage à la cuisine pour récupérer un morceau de fromage et des allumettes, je me glissai par la porte de derrière et je m'évanouis dans l'obscurité.

Avant même de quitter la maison, je savais où aller. Il y avait une ferme à environ deux cents mètres de là, à travers les champs derrière la maison, où le fermier élevait du bétail et des chèvres. Je savais qu'il possédait une grange en tôle où il conservait le foin, et peut-être aussi des betteraves fourragères et des granulés pour les vaches. J'avais très faim. La nuit était froide et j'avais pris la boîte d'allumettes dans la cuisine avec la vague idée de faire un feu si je devais coucher dehors, mais une grange était un bien meilleur endroit pour passer la nuit que sous les fourrés.

Je m'avançai jusqu'au seuil de la grange et patientai jusqu'à ce que mes yeux s'habituent à l'obscurité. J'observai alors les lieux et vis qu'il y avait des balles de foin dans un coin et des outils posés sur le sol à côté d'un long établi en bois.

Je m'agenouillai devant l'établi et fouillai dans le désordre, entre une pelote de ficelle, un canif rouillé qui ne s'ouvrait pas, une tasse ébréchée et toutes sortes d'articles qui n'avaient pas dû servir depuis longtemps. Mais je dénichai aussi une petite lampe à paraffine comme celle qui pendait dans l'abri derrière le cottage.

Je la soulevai et retirai le verre avant de faire pivoter la petite roue métallique sur le côté pour faire remonter la mèche. L'odeur était si forte que je me dis que la lampe devait contenir encore assez de combustible. Je posai délicatement la cloche en verre sur l'établi et j'emportai la lampe de l'autre côté de la grange, où je m'assis, le dos contre une balle de paille, posai la lampe sur le sol entre mes jambes et glissai la main dans ma poche pour récupérer les allumettes.

Bien qu'il ne restât qu'une courte mèche, et que la majeure partie en fût calcinée et friable, la flamme monta dès que l'allumette la toucha. La lumière que projetait la lampe était si vive que je dus descendre aussitôt la mèche en mettant mes mains en coupe autour de crainte que quelqu'un aperçoive la lueur, même si je ne vois pas qui aurait pu arpenter la campagne à cette heure par une nuit si froide (Flossie et mon père n'auraient certainement pas quitté la chaleur de Laburnum Cottage pour me chercher).

Les seules choses dont j'avais réellement peur se trouvaient contenues entre les murs de ma propre maison. Dehors, dans la nature, j'étais plus en sécurité et je pouvais me détendre un peu. Je glissai la main dans ma poche pour prendre le fromage et je sentis les nœuds de mon estomac se dénouer un par un. Je laissai échapper un soupir, m'appuyai contre le foin et observai les ombres que la flamme de la lampe dessinait dans la grange.

Je ne sais pas depuis combien de temps je dormais, sans doute quelques secondes seulement, lorsque je fus réveillé en sursaut par quelque chose qui me passait sur les jambes. Je sus instantanément que c'était un rat. Je bondis sur mes pieds, bousculant la lampe de la main et, avant même qu'elle ne touche le sol, une flamme liquide jaillit.

Pendant un instant, je restai figé, comme enraciné dans le sol par l'horreur de ce que j'avais fait. C'était comme regarder la mèche d'un explosif brûler, si ce n'est que, au lieu d'attendre la détonation, le filet de feu se propageait à travers le foin et enflammait tout ce qui se trouvait sur son passage. J'avais l'esprit totalement vide et je ne savais que faire. Puis, à travers la confusion de la panique, mon instinct me dit qu'il était déjà trop tard pour changer quoi que ce soit et qu'il ne me restait qu'à quitter la grange à la vitesse (à défaut de la grâce) d'un coureur olympique. J'imagine que les rats me suivirent de près.

Une cinquantaine de mètres plus loin sur la route, il y avait le presbytère. Dès que j'y arrivai, je filai dans le jardin en veillant à rester dans l'ombre et je grimpai en haut d'un grand pin. Je n'avais pas besoin de me percher si haut pour voir les flammes de la grange qui éclairaient déjà le ciel sur ce qui me paraissait aller jusqu'à des kilomètres à la ronde. Quelques minutes plus tard, je perçus des voix pressantes et des bruits de course, rapidement suivis par l'apparition de silhouettes.

Il m'était difficile de croire que la flamme d'une toute petite lampe fût responsable de cet incendie effréné et rugissant qui dévorait tout sur son passage, aussi rapide que le vent sur la grange et au-delà. C'était un spectacle extraordinaire et cela aurait pu être excitant si je ne m'étais pas senti malade à l'idée que j'en étais le seul responsable, même si je n'avais pas allumé le feu délibérément.

7

Il s'écoula au moins une quinzaine de minutes avant que je n'entende la cloche de la voiture des pompiers. Elle arrivait trop tard pour sauver la grange et son contenu, mais les hommes purent au moins éviter que le feu ne se propage trop loin et ne cause davantage de dégâts.

Je demeurai caché dans le pin jusqu'à ce que l'eau des pompes éteigne les dernières étincelles et que soit parti le dernier des badauds, qui observaient la scène dans les flaques, le visage étrangement éclairé par les flammes qui semblaient lécher les étoiles dans le ciel. Alors seulement, je redescendis de l'arbre pour aller m'installer sous le couvert des buissons, afin de réfléchir à ce que j'allais faire.

Je savais que je ne pouvais pas rentrer et qu'il me fallait trouver un endroit où passer le reste de la nuit. À présent que l'adrénaline avait cessé de courir comme un train express dans mes veines, je pris conscience que je frissonnais et que mon pantalon et mon gilet fin étaient humides et ne m'offraient aucune protection contre l'air glacial de la nuit. Je me souvins alors de l'abri aux chèvres situé près de la ferme ; je n'avais aucune autre idée.

Tandis que je me faufilais au bord de l'allée de gravier qui conduisait de la route à la ferme, je perçus le bruit des gouttes d'eau qui tombaient de ce qui restait de la grange réduite à des plaques de tôle ondulée noircies et des baguettes métalliques tordues.

Dans certaines des pièces de la maison d'habitation, il y avait encore de la lumière, en haut et au rez-de-chaussée, mais les rideaux étaient tous tirés, et je pus me déplacer discrètement dans la pénombre.

Je venais d'atteindre le portail lorsqu'un chien aboya. Je demeurai figé, la main sur le loquet, en essayant de repérer d'où provenait le bruit. Tous les muscles de mon corps se tendirent, prêts à prendre la fuite, et je dus me forcer à demeurer immobile, l'oreille aux aguets. Mais je n'entendais plus que l'eau qui dégouttait du toit et le bruissement occasionnel d'un faisan dans le sous-bois, de l'autre côté de la haie.

Le chien aboya de nouveau et, lorsque mon cœur cessa de s'affoler, je compris, à mon grand soulagement, qu'il était dans la maison et qu'il ne m'attendait pas dans l'obscurité de l'autre côté du portail. Un soulagement de courte durée cependant, car je savais que quelqu'un pouvait à tout moment jeter un œil dehors par une fenêtre pour voir ce qui avait fait aboyer le chien. Alors, ils me verraient. Il était temps de disparaître. Abandonnant l'idée d'ouvrir le portail, je passai par-dessus et je courus dans la boue jusqu'à la chèvrerie.

Dès que j'ouvris la porte de l'une des petites cabanes en bois, mes narines s'emplirent de l'odeur réconfortante de la chaleur animale. À l'intérieur, l'obscurité était totale, mais j'entendais le froissement de la paille et, lorsque mes yeux se furent accoutumés à l'obscurité, je distinguai la silhouette de plusieurs chèvres.

Enfant, j'avais la chance d'être capable de m'endormir n'importe où, même lorsque je n'étais pas fatigué. C'était pratiquement comme un mécanisme de défense qui me permettait de me refermer et de bloquer tout ce qui se passait autour de moi. Cette nuit-là, ce fut exactement pareil et, dès que je fus allongé dans un espace inoccupé, bien au chaud dans la paille, je sombrai comme une masse.

Je ne sais pas depuis combien de temps je dormais lorsque je fus réveillé par des bruits de voix. Quand j'ouvris les yeux, je vis de la lumière à travers les fissures des murs en bois de l'abri et, pendant un instant, je fus désorienté et troublé. Puis, j'entendis quelqu'un crier mon nom et je compris qu'on avait commencé à me chercher. Personne ne s'était soucié de savoir où j'étais les dernières fois où j'avais fugué, même si j'étais resté dehors une ou deux nuits.

Cette fois, cependant, mon père et Flossie avaient peut-être réalisé que j'avais quelque chose à voir avec l'incendie de la grange et ils avaient dû alerter les autorités de ma disparition de manière à se couvrir au cas où on retrouverait mes restes calcinés dans les cendres. Je suppose qu'ils avaient dû penser à quelque chose d'extrêmement triste pour réprimer leurs sourires à l'idée qu'un destin fatal ait pu vraiment m'arriver.

Lorsque la porte de l'abri s'ouvrit et laissa entrer la lumière du petit matin, je m'enfouis davantage dans la paille et je retins mon souffle en espérant que la personne, quelle qu'elle soit, ne me verrait pas. Je vis qu'un homme se tenait sur le seuil. Il portait une veste en tweed et un pantalon glissé dans ses bottes en caoutchouc, et il tenait une torche dont le rayon voleta à travers toute la pièce jusqu'au coin où je me tenais. Je fermai les yeux pour occulter la lumière vive et j'entendis l'homme crier :

— Il est là ! Je l'ai trouvé !

Lorsque je rouvris les yeux, je le vis faire demi-tour et sortir de l'abri en refermant la porte derrière lui.

Quand j'étais enfant, j'avais sans cesse l'estomac noué, mais, lorsque j'étais bon pour une correction en bonne et due forme, l'intérieur de mon ventre se mettait à danser comme si une foule de papillons était prise de panique et que les petites créatures agitaient encore plus vigoureusement leurs ailes. Étendu là sur la paille, en cette aube froide, j'eus le sentiment que quelque chose de vraiment mauvais allait arriver.

Lorsque la porte de l'abri s'ouvrit de nouveau une ou deux minutes plus tard, la silhouette d'un homme en uniforme se découpa dans la lumière et une voix lança :

— Sors de là, fiston.

— Ce n'est pas moi, dis-je en trébuchant pour me remettre debout et en me glissant précautionneusement entre les chèvres. Je veux dire que, oui, c'est moi, mais je ne l'ai pas fait exprès. C'était un accident. J'ai allumé la lampe de paraffine parce que j'avais froid et qu'il faisait vraiment sombre, et puis la paraffine a coulé sur la paille et je n'ai pas pu…

— Stop, ne t'occupe pas de ça, coupa le policier. Nous avons tout le temps de nous expliquer plus tard.

Je n'étais pas sûr que ce soit une bonne ou une mauvaise chose.

À la porte, le policier posa la main sur mon épaule comme pour me diriger là où il voulait que j'aille, mais il la retira dès que je sortis dans la lumière et qu'il vit la boue et les crottes de chèvre qui recouvraient pratiquement le moindre centimètre de mon corps. L'odeur de la chèvrerie m'accompagna jusqu'à la voiture de police, et je m'assis sur une carte routière que l'agent, avant d'inspirer une grande bouffée d'air frais par la vitre grande ouverte, étala sur le siège arrière pour le protéger.

Je ne le savais pas à ce moment-là, mais le bâtiment en briques rouges où on me conduisit était le tribunal. Dès notre arrivée, je fus conduit presque manu militari dans une pièce où trônait une baignoire. La femme qui ramassa mes vêtements crasseux et puants et qui demeura à mes côtés pendant que je trempais dans l'eau chaude et lavais toute la saleté accumulée dans l'incendie et dans la chèvrerie était douce et patiente. Lorsque je sortis du bain en sentant le savon, mon anxiété était passée de « très haute » à « juste assez haute ».

Vêtu d'une robe de chambre de plusieurs tailles trop grandes pour moi et la main de la femme posée sur mon épaule dans un geste rassurant, je me laissai guider jusqu'à une cuisine où on me donna deux tranches de pain grillé dégoulinantes de beurre et une grosse tasse de thé bouillant. Après ce petit-déjeuner, je fus conduit dans un couloir et dans une pièce terne meublée d'un sofa, d'une table et de quatre chaises, où on me laissa seul pendant ce qui me parut durer des heures.

De temps en temps, une femme ouvrait la porte. Elle ne prononçait pas un mot et ne pénétrait pas dans la pièce : elle se contentait de me regarder, de hocher la tête et de refermer la porte, et j'écoutais le bruit de ses talons décroître dans le couloir. Pour finir, la porte se rouvrit sur un homme et une femme qui entrèrent dans la pièce.

— Nous sommes des officiers de police, annonça la femme. Nous voulons te poser des questions. Pouvons-nous nous asseoir à la table ?

Je m'assis sur la chaise qu'elle avait tirée pour moi et elle s'installa avec l'homme en face. D'abord, toutes leurs questions eurent trait à ce qui s'était passé la veille, jusqu'au moment où, brusquement, la femme demanda :

— Pourquoi t'enfuis-tu ainsi de chez toi, Peter ? Crois-tu que tu peux nous l'expliquer ? Tu sais que tu peux tout nous dire. Tu ne dois pas avoir peur.

Une fois que j'eus commencé à parler, je ne pus plus m'arrêter. Je leur racontai ma vie à la maison et le séjour chez ma grand-mère, avec Nigel et Delia ; comment ma belle-mère était venue me chercher en bus, et Nigel qui ne voulait pas me laisser partir ; l'histoire de la bicyclette pour aller voir Sonia Denby qui avait écrit une lettre à mon père, ce qui avait fait que, pendant un moment, je n'avais pas été battu ; et aussi la rage qui avait saisi mon père qui s'était mis à courir dans toute la maison avec la hache en hurlant qu'il allait me tuer et que mon frère m'avait dit qu'il fallait que je m'en aille.

— C'est pour ça que j'étais dans la grange, dis-je. Quand la grange a brûlé, je suis allé dormir dans l'abri des chèvres parce qu'il y fait chaud et parce que les chèvres ne font pas de mal.

Sauf quand ils m'interrompaient pour me demander des précisions, les deux policiers se contentèrent de m'écouter. Parfois, ils avaient l'air furieux, mais je n'avais pas l'impression qu'ils étaient furieux contre moi, et, d'autres fois, lorsque je bafouillais et que j'étais obligé de m'essuyer les yeux avec la manche de la robe de chambre pour qu'ils ne croient pas que j'étais juste un bébé pleurnicheur, ils me souriaient d'une manière plutôt encourageante.

Lorsque j'eus terminé mon histoire et que je me sentis comme l'un de ces bonshommes en paille que les gosses traînent dans une petite carriole lors des feux de la Saint-Jean, ils se levèrent. La femme tendit la main à travers la table et me tapota l'épaule en disant :

— Attends-nous là, Peter.

Ils me laissèrent seul.

Quelques minutes plus tard, la femme silencieuse revint et ouvrit la porte, mais, cette fois, elle entra directement dans la pièce, referma la porte derrière elle et tira l'une des chaises jusqu'au sofa où j'étais assis. Elle s'assit sur la chaise et déclara :

— Tu ne vas pas retourner chez toi aujourd'hui, Peter. En fait, tu ne vas pas rentrer chez toi pendant un moment. Tu vas aller t'installer dans une autre maison.

Elle parla d'une ville que je ne connaissais pas, et, même si je ne savais pas où cela se trouvait, je me sentis pris de vertige tant le soulagement était intense. Je ne regrettais pas d'avoir tout raconté aux policiers, mais, pendant que j'étais resté seul dans la pièce, je m'étais demandé, avec une terreur croissante, ce qui allait m'arriver lorsque je retournerais à Laburnum Cottage.

Je n'aurais pas été si soulagé si j'avais su ce qui m'attendait. Après m'avoir dit qu'elle allait me conduire dans ma nouvelle maison plus tard dans l'après-midi, la femme me confia quelques livres pour m'aider à patienter. De temps en temps, elle revenait me voir comme elle l'avait fait auparavant, généralement sans dire un mot. À l'heure du déjeuner, elle m'apporta un sandwich et un verre de jus d'orange. Après, on me rapporta mes vêtements qui avaient été lavés et séchés et qui ne sentaient plus les chèvres et la paille souillée.

Finalement, la porte s'ouvrit de nouveau et, cette fois, la femme portait un manteau gris et tenait une paire de gants dans sa main.

— Il est temps de partir, dit-elle.

Je la suivis volontiers le long du couloir jusqu'à l'escalier et hors du bâtiment jusqu'au parking où elle déverrouilla la portière d'une Hillman Minx bleue en me disant de monter.

Nous partîmes alors qu'il faisait déjà sombre, et le trajet me parut plutôt long. Sans doute le fait que la femme ne m'adressait pas la parole sauf pour me demander de temps à autre si tout allait bien me donna-t-il l'impression que cela dura plus longtemps qu'en réalité.

Lorsque nous quittâmes la route principale pour emprunter une allée sans lumière et tournâmes à nouveau presque aussitôt pour franchir un portail en fer forgé qui donnait sur une allée gravillonnée, je me sentis soudain parfaitement réveillé et je me redressai dans mon siège, tous les sens en alerte. Si c'était là l'allée qui conduisait à la maison où j'allais vivre, je peux dire que j'étais impressionné.

La voiture pénétra dans une cour circulaire à l'extrémité de l'allée, et les phares balayèrent un immense bâtiment imposant et plutôt rébarbatif. Je n'avais qu'un vague souvenir de la maison où ma marraine et son mari vivaient, mais j'étais sûr que celle-ci était encore plus vaste. La lumière brillait dans plusieurs des pièces du rez-de-chaussée, et la lueur qui traversait les vitres teintées des fenêtres de chaque côté de la porte d'entrée donnait l'impression d'être devant une imposante église.

Je sentais que les papillons dans mon ventre battaient frénétiquement des ailes comme s'ils voulaient s'échapper et j'éprouvai soudain un sentiment d'appréhension qui vint tempérer ma curiosité et mon enthousiasme.

— Allons, Peter, tout ira bien.

La femme était sortie de la voiture et me tenait la portière ouverte. Je savais que je n'avais pas le choix. Je déglutis, descendis de la voiture et la suivis vers la porte où elle appuya sur la sonnette.

L'homme qui nous ouvrit accueillit la femme par son nom en lui adressant un sourire amical. Il ne me regarda pas ni ne fit mine de me remarquer. Pour ma part, je demeurai tout près de la femme tandis qu'il nous conduisait dans un étroit couloir jusqu'à une grande pièce. Au centre, il y avait un lourd bureau en bois recouvert de papiers, dont certains étaient rangés en hautes piles nettes alors que d'autres étaient éparpillés comme au hasard sur toute la surface de la table.

Ce n'était pas du tout le genre de maison que j'avais imaginée : nul signe de la présence d'une quelconque famille. En fait, elle ne ressemblait pas du tout à une maison, mais plutôt à une école ou à un immeuble de bureaux.

L'homme et la femme parlèrent pendant quelques minutes avant d'échanger une poignée de main. Alors, la femme se tourna vers moi en souriant :

— Je vais partir, Peter, mais on va prendre soin de toi ici. Sois sage, c'est tout.

Comme si ses paroles avaient fait prendre conscience à l'homme de ma présence, il se tourna vers moi en disant d'un ton assez agréable :

— Attends ici.

Il raccompagna la femme hors de la pièce, et je crois que c'est à ce moment-là que je réalisai que j'allais rester là. En dépit du fait qu'on m'avait à peine adressé la parole de toute la journée, je me sentis soudain très seul.

Lorsque l'homme revint dans le bureau où je patientais, comme on me l'avait demandé, son attitude avait, de toute évidence, totalement changé. J'avais vu la même expression dure sur le visage de mon père et de Flossie suffisamment de fois pour la reconnaître pour ce qu'elle était. Chaque fois que quelqu'un se présentait à la porte du cottage, ils pouvaient être charmants et tout à fait amicaux, mais, dès que le visiteur avait tourné les talons et que la porte se refermait, les sourires disparaissaient, comme si on avait appuyé sur un interrupteur, et ils retrouvaient leur hostilité furieuse aux regards méprisants.

Je reconnus également le ton de voix tyrannique de l'homme dès qu'il s'adressa à moi.

— Alors, c'est toi le garçon qui s'enfuit tout le temps de la maison, non ? Eh bien, je vais te dire une chose : tu ne t'enfuiras pas d'ici, c'est sûr.

Il fit demi-tour et sortit de la pièce en lançant dans son dos :

— Suis-moi, mon garçon.

Le bruit de ses pas résonnait haut et clair sur le sol carrelé pendant que je le suivais dans le couloir avant de monter un escalier jusqu'à un palier faiblement éclairé. Toutes les portes étaient fermées et j'avais la sensation qu'une atmosphère oppressante pesait sur l'ensemble du bâtiment, comme s'il y avait derrière chaque porte quelqu'un à l'affût qui écoutait.

Le silence me donnait aussi l'impression que l'homme et moi étions les seuls habitants des lieux, jusqu'à ce qu'il ouvre une porte et que je voie, à la lumière du palier, que la grande pièce était pleine de lits et que chaque lit était occupé par un enfant.

— Voilà le tien, déclara l'homme en me montrant le lit situé à droite de la porte.

Il parlait fort, peu soucieux apparemment que le son de sa voix réveille les enfants endormis.

Sur le lit qu'il me montrait, il y avait un pyjama à rayures bleues et blanches.

— Enfile ça et donne-moi tes vêtements ! aboya-t-il. Dépêche-toi, mon garçon. J'ai mieux à faire que de rester là à attendre toute la nuit.

Pendant que je me déshabillais et que je lui tendais mon triste petit ballot de vêtements, il conserva un regard impassible.

— Maintenant, tu n'as qu'à te coucher. Nous parlerons demain matin.

Je n'eus pas le temps de me glisser entre les draps glacés qu'il avait déjà quitté la pièce et refermé la porte, et je restai un moment à écouter ses pas décroître dans l'obscurité.

Avant que tout sombre à nouveau dans le calme, je repensai à tout ce qui s'était passé depuis vingt-quatre heures et à tout ce qui allait se passer le lendemain et les jours à venir. Les rideaux encore entrouverts de la fenêtre laissaient juste assez passer la faible lueur de la lune dans la pièce pour que je distingue les autres lits et les contours des enfants endormis, ou au moins ce que je supposais être des enfants endormis parce que, un par un, les garçons les plus proches de moi se redressèrent.

— C'est quoi ton nom ? demanda l'un d'eux.

Rapidement, les questions fusèrent de tous les recoins de la chambre.

Soudain, quelqu'un siffla :

— Chut !

Le silence s'abattit dans la pièce tandis que tout le monde tendait l'oreille. Au bout de quelques secondes, le garçon allongé dans le lit voisin parla à nouveau :

— C'est Bongo, dit-il, le type qui t'a amené. Bongo le Doigt. Bon, OK ? Monsieur Cowley quand on lui parle.

— Pourquoi Bongo le Doigt ? demandai-je.

— Bongo, à cause du bruit qu'il fait quand il marche dans le coin ! lança un autre garçon. Il le fait exprès pour qu'on croie qu'il nous prévient quand il arrive. Et puis, la nuit, il se pointe sans ses chaussures et essaie de nous surprendre.

Il renifla d'une manière expressive.

— C'est un sale type, c'est sûr. Mais il n'est pas aussi malin qu'il le croit. Ou alors, nous ne sommes pas aussi bêtes qu'il le croit !

— Et le doigt ? insistai-je.

Deux garçons grimacèrent, et mon voisin de lit finit par dire :

— Tu le découvriras toi-même si tu restes ici assez longtemps.

J'étais reconnaissant de la manière amicale dont ils me parlaient, et ma dernière pensée avant de m'endormir d'un sommeil épuisé fut que ma nouvelle « maison » n'était peut-être pas si mauvaise, après tout.

Il sembla que quelques minutes seulement s'étaient écoulées lorsque je fus tiré brutalement d'un profond sommeil par une voix de femme qui appelait :

— Tout le monde debout !

Encore à moitié endormi, je repoussai les couvertures et rejetai mes jambes hors du lit. La femme qui ouvrit la porte était trapue ; en fait, elle avait la même corpulence que Flossie, mais n'était pas aussi grosse qu'elle. Les autres garçons étaient déjà en train de se ranger en ligne au milieu de la chambre en traînant les pieds et, lorsque je me levai pour les rejoindre, la femme pointa un doigt pratiquement carré vers moi et lança :

— Pas toi ! Tu restes là !

Je me rassis sur le lit et observai les autres garçons qui passaient en frissonnant dans leur pyjama, un par un devant la femme avant de franchir le seuil.

— Je vais vérifier ; alors, vous feriez mieux de vous assurer que vous faites vos ablutions à fond.

Je n'avais aucune idée de ce que pouvaient être les ablutions, mais le ton de sa voix ne me laissa aucun doute quant à la menace.

Lorsque le dernier garçon eut disparu de la pièce, elle se tourna vers moi en disant :

— Je suis mademoiselle Farley et tu peux m'appeler par mon nom ou simplement mademoiselle.

— Oui, mademoiselle, répondis-je poliment en essayant d'avoir l'intonation du genre de garçon qui ne poserait jamais de problème à personne.

— Parfait. Alors, viens avec moi.

Elle me conduisit vers une salle de bains où toutes les surfaces glacées furent bientôt couvertes de vapeur et de condensation pendant qu'elle remplissait la baignoire d'eau chaude. Deux bains en deux jours ! Il n'était pas possible que la crasse ait eu le temps de s'accumuler depuis le dernier, mais je n'allais pas discuter. Je retirai mon pyjama, le laissai tomber sur le sol d'un côté de la pièce, posai une main sur le bord de la baignoire froide en fonte et glissai lentement dans l'eau.

Pendant que je me lavais au savon noir avec le morceau de tissu rugueux que mademoiselle Farley m'avait confié, frottant le moindre centimètre de mon corps en insistant, comme elle me l'avait ordonné, sur la nuque, elle resta assise sur une petite chaise en bois en me regardant de ses yeux plissés par la concentration. Lorsque je fus aussi propre que possible, je sortis du bain et elle me tendit une serviette pour m'essuyer ; ensuite, elle me saupoudra copieusement d'une poudre blanche qui me fit éternuer. Puis, en m'abandonnant là à trembler comme un fantôme qui a la chair de poule, elle sortit pour revenir quelques secondes plus tard avec des vêtements.

— Mets ça ! dit-elle en me tendant du linge de corps, des chaussettes, une chemise bleu marine, un pull-over gris et un pantalon court légèrement plus foncé.

Elle ressortit pendant que je m'habillais pour revenir cette fois avec une paire de bottines et des souliers.

— Voilà ce que tu porteras tous les jours, dit-elle en me jetant les bottines. Et ça, c'est uniquement pour le dimanche.

Elle laissa tomber les souliers dans mes mains.

— Dépêche-toi un peu. C'est ta faute si tout le monde attend.

Vêtu de mes nouveaux habits, je suivis mademoiselle Farley dans le couloir, où il y avait au moins vingt garçons alignés en rang. Dès que j'eus rejoint la file, nous nous ébranlâmes vers l'escalier et descendîmes jusqu'à une grande pièce au sol en parquet (j'appris plus tard qu'on l'appelait la salle commune) où Mlle Farley entama son inspection matinale.

Imitant ce que faisaient les autres garçons, je tins mes paumes vers le haut, tandis qu'elle passait lentement devant le rang, et les retournai lorsqu'elle fut à ma hauteur. Quand elle recommença depuis le début, je compris que son obsession principale était ce qu'elle appelait dédaigneusement les « marques de marée » dans le cou.

Elle posait sa main robuste sur la tête de chaque garçon en appuyant pour le forcer à pencher le cou de manière à ce qu'elle puisse examiner sa nuque et l'arrière de ses oreilles. Ensuite, elle revenait au début du rang et recommençait son inspection en pinçant le menton de chaque garçon entre le pouce et l'index pour le relever brutalement et faire pivoter sa tête tout en poursuivant sa guerre d'une seule main, mais très déterminée, contre les « marques de marée ».

Malheur au garçon qui serait assez stupide pour croire qu'il pouvait s'en sortir avec un lavage moins que parfait ! L'œil de lynx de Mlle Farley distinguait la plus discrète ombre de saleté, et elle frappait la nuque du scélérat en aboyant :

— Encore !

Alors, le garçon filait immédiatement pour aller laver la partie du corps incriminée.

Ce n'étaient pas seulement nos mains, nos oreilles, notre visage et notre cou qui devaient être impeccables, mais aussi nos bottines qui devaient être luisantes comme un miroir, notre chemise, soigneusement glissée dans notre pantalon, et nos chaussettes, sans un seul pli. Au moins, ce premier matin, je n'avais pas à m'inquiéter de la propreté de mes nouvelles chaussures.

Lorsque Mlle Farley eut terminé son inspection méticuleuse, les aiguilles de l'horloge suspendue au-dessus de la cheminée marquaient sept heures, et mon estomac grondait tant j'étais impatient de prendre mon petit-déjeuner. Cependant, il nous fallait d'abord exécuter nos corvées.

Je fus affecté avec deux autres garçons à la cuisine pour aider le cuisinier, même si, en réalité, je pense que nous le gênions davantage que nous l'assistions. Certains des autres garçons s'occupaient du ménage, d'autres étaient envoyés sur les terres pour nourrir les poules. La nourriture, lorsqu'elle apparut enfin ce matin-là, était copieuse et bonne, de même que les trois autres repas ou collations que l'on nous donnait tous les jours.

Il ne me fallut pas longtemps pour comprendre ce que l'on attendait de moi et je m'adaptai vite aux règles et à la routine. Foyer résidentiel pour les jeunes, Pelham était également une école et, tous les jours de la semaine, après le petit-déjeuner, nous assistions à des cours qui me permirent de réaliser à quel point j'étais en retard sur les enfants de mon âge.

Le samedi, nous nous levions à la même heure et exécutions nos corvées, mais nous étions ensuite libres pour le reste de la journée, pour jouer dans le grand parc lorsque le temps le permettait ou, lorsqu'il pleuvait, à l'intérieur, dans l'une des trois pièces qui avaient été allouées à la lecture, aux jeux de plateau et à la fabrication de maquettes.

Le dimanche, nous allions à l'église après le petit-déjeuner, puis au catéchisme l'après-midi et de nouveau à la messe le soir. Par tous les temps, nous marchions deux par deux, avec nos souliers du dimanche bien cirés, jusqu'à l'église du village et retour.

Certains garçons grommelaient et protestaient parce qu'on les forçait à assister à l'office, mais moi, cela ne me gênait pas. Sauf pour les brèves périodes que j'avais passées au pays de Galles et à Cheltenham, tout dans ma vie avait été si chaotique et imprévisible que j'étais heureux de pouvoir enfin jouir d'une certaine régularité. J'aimais le fait de savoir exactement ce que l'on attendait de moi et ce qui allait se passer à chaque instant.

Outre Mlle Farley et le cuisinier, le personnel du foyer comptait des aides qui travaillaient dans la cuisine et un jardinier qui se déplaçait dans les terres à une allure d'escargot. L'homme avait l'air très vieux et traitait tous les garçons avec le même degré de suspicion. Tous vivaient dans le village, sauf Bongo, son épouse et leur fille âgée de douze ans, qui logeaient dans un appartement du bâtiment principal.

Le troisième matin de mon arrivée, je fus convoqué au bureau de Bongo qui me demanda comment je me sentais.

— Bien, monsieur, répondis-je.

En fait, c'était beaucoup mieux que bien. J'étais propre ; j'avais des chaussures qui étaient à ma taille ; on m'avait coupé les cheveux et, sans mes boucles épaisses et toujours en bataille, j'avais désormais l'air d'un garçon normal plutôt que d'un minuscule mais typique professeur fou ; je prenais des repas réguliers et goûteux ; je dormais dans un lit propre et confortable, avec un matelas et des draps. Pour tout dire, j'étais vraiment heureux de ma nouvelle vie.

— Parfait. Veille cependant à bien te conduire et ne fais rien qui risque de t'attirer des ennuis, me dit Bongo d'un ton de reproche comme s'il ne pensait pas réellement que je méritais d'être « bien ».

Puis, ce fut tout.

Il est étrange de voir combien certains détails apparemment sans conséquence se fixent dans la mémoire lors qu'on oublie les autres événements plus significatifs. Je pense que je me souviens de l'incident de la petite souris parce que je me suis senti coupable, mais aussi parce que, par la suite, j'y trouvais des parallèles avec mon propre comportement.

Nous avions découvert la souris en ratissant les feuilles dans le jardin de Pelham, et elle était si faible qu'elle ne résista absolument pas lorsque je la pris pour la porter dans la maison et la mettre dans une petite boîte en carton. Je perçai quelques trous dans le couvercle de la boîte afin qu'elle puisse respirer et je retournai dans le jardin pour ramasser des feuilles et de l'herbe. Lorsque je laissai tomber ma récolte dans la boîte pour lui faire un nid douillet, la pauvre petite chose ne fit pas un mouvement et, pendant un moment, je crus qu'elle était morte.

C'était un dimanche et, au dîner, nous avions toujours droit à une part de gâteau le dimanche. Je m'assurai que personne ne pouvait me voir et brisai un morceau de mon gâteau pour le glisser dans la poche de mon pantalon. J'étais impatient que le repas s'achève et, lorsqu'on nous autorisa à quitter la table, je me précipitai vers le dortoir.

Je sortis délicatement la boîte de sa cachette, m'assis sur mon lit et ouvris le couvercle juste assez pour glisser le morceau de gâteau à l'intérieur tout en l'émiettant entre mes doigts.

Et c'est là que la souris me mordit. Lorsqu'elle planta ses minuscules dents acérées comme un rasoir dans mon doigt, je plaquai le couvercle sur la boîte et observai avec une colère stupéfaite le sang qui coulait de la blessure. Puis, je m'emparai de la boîte, courut dans le jardin et la lançai à travers la pelouse.

Lorsque la boîte toucha le sol, le couvercle s'envola et la souris apparemment totalement guérie fila directement dans un tas de feuilles en me laissant avec mon doigt blessé, mais surtout avec une bonne dose de ressentiment pour son ingratitude : j'avais essayé de l'aider et, en retour, elle m'avait mordu.

Par la suite, je regrettai d'avoir jeté la boîte comme ça : je savais ce que c'était d'être terrifié et de ne pas savoir si vous pouvez avoir confiance en qui que ce soit, et je savais aussi que, dans ce cas, on réagit instinctivement et on cherche à se défendre pour se protéger. En ce qui concerne les instincts primaires, je suppose qu'une petite souris terrifiée sortie de son milieu naturel n'est pas si différente d'un petit garçon qui se trouve dans la même situation.

8

Les garçons parlaient souvent de Bongo et, bien que je ne l'aie pas encore constaté, ils affirmaient qu'il lui arrivait de venir dans le dortoir tard dans la nuit, de réveiller quelqu'un (et pas toujours le même garçon) qu'il emmenait à son bureau. Ils me racontèrent cela avec force grimaces évocatrices, mais, lorsque je leur demandai pourquoi il voulait voir un garçon au beau milieu de la nuit, ils haussèrent les épaules en disant :

— Si tu restes assez longtemps, tu le découvriras.

Il s'avéra que j'allais rester assez longtemps.

Cela faisait trois mois environ que j'étais dans le centre lorsque, une nuit, je me réveillai en sursaut. Si je m'étais bien adapté à ma nouvelle vie et que j'appréciais sa stabilité et sa régularité, je continuais à faire des cauchemars. Au départ, je crus donc que j'étais en train de rêver. Lorsque j'ouvris mes yeux, je vis que Bongo était effectivement debout à côté de mon lit et qu'il me secouait par les épaules en disant :

— Lève-toi vite. Je veux te voir dans mon bureau.

Tandis que je me traînais dans le couloir derrière lui, encore un peu sonné par le sommeil, je me souviens d'avoir été frappé par le fait qu'il ne portait pas de chaussures.

En chaussettes, il paraissait moins impressionnant. Ce qui n'empêchait pas mon estomac d'être noué parce que je me demandais ce que j'avais pu faire de mal. Je savais qu'il devait s'agir de quelque chose de grave pour être ainsi appelé au milieu de la nuit, mais je n'arrivais pas à saisir de quoi il s'agissait.

Dans le bureau, Bongo prit place dans son siège, mais, au lieu d'être comme d'habitude derrière la table de travail, il avait été déplacé devant. Pour ma part, je demeurai debout, tremblant de froid et d'inquiétude, près de la porte qu'il venait de refermer derrière nous. Il me fit signe de m'approcher et me sourit d'une manière qui évoquait davantage une grimace.

— Viens ici, Peter, dit-il.

C'était la première fois qu'il utilisait mon prénom. D'habitude, il nous appelait toujours « les garçons » et, je ne sais pourquoi, cela augmenta mon appréhension.

J'avançai prudemment sur le grand tapis à motifs et m'arrêtai là où il me l'indiquait, à côté de son siège. Je ne comprenais pas du tout pourquoi il m'avait fait venir là et je fus totalement stupéfait lorsqu'il tendit le bras, le mit autour de ma taille et me fit pivoter de manière à ce que je lui tourne le dos avant de m'attirer pour m'asseoir sur ses genoux. Sauf ma grand-mère et Delia à Cheltenham, et lorsque l'enclume était tombée de la porte de l'abri et que le Dr Margaret avait lavé ma blessure, je n'avais aucun souvenir d'avoir été assis sur les genoux de qui que ce soit. Sur ceux de Bongo, l'impression était totalement différente. Il m'avait effrayé, pris au dépourvu, et je me sentais mal à l'aise. Tous mes sens me disaient de lui résister. Lorsqu'il glissa sa main entre mes jambes et se mit à me toucher, je me relevai d'un bond comme si j'avais été brûlé en criant :

— Non !

Ce fut le tour de Bongo d'être surpris.

— Retourne te coucher, dit-il d'un ton furieux comme si c'était moi qui avais eu l'idée de me lever au beau milieu de la nuit pour venir dans son bureau. Retourne te coucher et conduis-toi bien ou tu le regretteras.

Il n'eut pas besoin de le répéter. J'avais déjà la main sur la poignée de la porte avant qu'il ne prononce le dernier mot.

Cette nuit-là, je demeurai longtemps dans mon lit sans dormir, essayant de comprendre ce qui venait de se passer et pourquoi j'avais l'impression de l'avoir échappé belle. Aussi inexplicable et brève qu'elle avait été, l'expérience m'avait dérouté au point que je ne me sentais plus en sécurité au foyer et que, une fois de plus, je commençais à penser à m'enfuir.

Au fond du dortoir, sur la droite, juste derrière le dernier lit, il y avait deux portes-fenêtres qui ouvraient sur un balcon (si ce n'est qu'elles étaient toujours verrouillées). Au-dessus des portes, il y avait une autre fenêtre oblongue fermée par un loquet en S, et ce fut par là que je décidai de sortir.

J'avais appris à la dure avec Flossie et mon père que, chaque fois que je me sentais menacé, j'avais intérêt à suivre mon instinct et non à essayer de me convaincre que tout se passerait bien : c'était rarement le cas. Au lieu d'espérer le meilleur, il était plus intelligent de prévoir le pire et de filer avant que le pire ne survienne.

Je prévoyais de quitter Pelham le premier vendredi après la nuit où Bongo me réveilla. Je ne me confiai à personne ; je m'assurai simplement de prendre un bon dîner et j'attendis ensuite ce qui me parut des heures dans mon lit, jusqu'à ce que je sois sûr que tous les autres garçons étaient endormis avant de me lever et de m'habiller.

Tandis que je me glissais à travers le dortoir jusqu'à la fenêtre, l'un des garçons remua et marmonna quelque chose. Je me figeai en me mordant les lèvres et en attendant qu'il recommence à parler, mais il avait dû rêver, et je continuai mon chemin sur la pointe des pieds.

Au fond de la pièce, il y avait une armoire qui n'était pas utilisée, et je la déplaçai aussi silencieusement que possible près de la porte-fenêtre. Le plus difficile fut de grimper sur l'armoire, et je faillis la faire tomber sur moi, ce qui aurait réveillé tous les garçons de mon dortoir, mais aussi tout le monde dans le bâtiment. Or, personne ne se réveilla, ce qui me surprit doublement parce que cela signifiait aussi que personne n'entendait le bruit sourd que faisait mon cœur.

Debout sur l'armoire, je n'eus pas de mal à atteindre la fenêtre, à l'ouvrir et à sortir. Le truc était de ne pas la laisser claquer lorsque je descendis sur le toit en terrasse de la laverie adjacente.

Dès que je mis le pied sur le toit, je m'accroupis dans l'obscurité, l'oreille aux aguets, en priant que les lumières ne s'allument pas brusquement à toutes les fenêtres alentour. Personne ne bougea et, au bout de quelques secondes, j'avançai centimètre par centimètre, jusqu'au bord du toit, tâtonnai pour trouver la gouttière et descendis prudemment. Puis, je courus à travers l'étendue d'herbe qui menait à la haie bordant l'allée.

Tout en me glissant dans les taillis, j'eus comme un sentiment d'euphorie : j'avais réussi ! Lorsque je me mis cependant à réfléchir à ce que j'avais accompli, j'eus l'impression qu'il s'agissait d'une victoire creuse : je n'avais pas échappé à une existence misérable et violente rythmée par des punitions perverses ; non, je quittais des amis, une école où j'aimais aller et une vie bien ordonnée qui me donnait l'impression d'être en sécurité. Du moins, la plupart du temps. Malgré tout, il était trop tard : dès que j'avais ouvert la fenêtre, c'est comme si j'étais déjà parti et je ne pouvais faire marche arrière.

Je longeai rapidement l'allée, tournai sur la route principale en suivant le chemin que nous empruntions trois fois par jour chaque dimanche, pour me retrouver dans le village. Aucune des maisons n'était éclairée, et il me sembla sûr de m'arrêter sur le banc de la pelouse du village pendant quelques instants afin de reprendre mes esprits et de décider, sans doute un peu tard, ce que j'allais faire ensuite.

Je ne pense pas m'être endormi, mais ce serait la seule chose qui expliquerait pourquoi je n'ai pas entendu la voiture de police avant qu'elle ne s'arrête derrière moi et qu'un homme casqué en sorte. Il était trop tard pour tenter de lui échapper, d'autant que je ne tenais pas à aggraver mon cas. Alors, lorsqu'il ouvrit la portière arrière en disant : « Allez, Peter, monte sans faire d'histoires », je me levai du banc et me glissai sur le siège derrière le policier en uniforme qui était au volant.

Je n'avais jamais vu l'homme au casque, mais il semblait me connaître et, lorsqu'il se réinstalla dans le siège passager de la voiture, il se tourna vers moi et demanda :

— Pourquoi t'es-tu enfui ? Tout le monde dit que tu t'es bien adapté et que tout se passait bien. Alors, que s'est-il passé ?

— C'est parce que Bon... Je veux dire monsieur Cowley, commençai-je. Les autres garçons m'ont raconté des trucs à son sujet.

Je ne précisai pas, comme j'aurais pu le faire, que c'était des trucs que je n'avais pas compris. Je me contentai d'ajouter :

— Alors, il est venu me réveiller et m'a fait asseoir sur ses genoux. Et je n'ai pas aimé ça.

En prononçant les mots, je trouvai que cela sonnait comme une raison bien lamentable pour faire une fugue, mais c'est ce que j'avais toujours fait : m'enfuir. Je ne connaissais aucune autre manière d'affronter cette impression de piège et de désarroi. Toutes les émotions que je n'étais pas parvenu à éliminer, je les avais enfermées au fond de moi, avec une détermination d'acier afin qu'elles ne causent pas davantage de dégâts.

Ainsi, lorsque Bongo m'avait donné l'impression de menacer ma sécurité, j'avais réagi de la seule manière que je connaissais. Un petit garçon qui doit faire comme si rien ne le touchait ne prend pas toujours des décisions que les autres peuvent considérer comme rationnelles. Je pense que ce qui s'était passé m'avait laissé une forte impression parce que, sur le moment, j'ajoutai d'un ton de défi :

— Si vous me renvoyez là-bas, je m'enfuirai à nouveau !

Je n'arrivais pas à comprendre comment ils avaient su si vite que j'avais quitté le foyer, jusqu'à ce que quelqu'un m'explique que l'un des garçons s'était réveillé au moment où je disparaissais par la fenêtre du dortoir et qu'il avait donné l'alarme. De toute évidence, je n'avais pas été aussi malin et discret que ce que j'avais cru.

Cependant, mon vœu fut exaucé et l'on ne me ramena pas au foyer ce soir-là. On me conduisit au poste de police, où on me plaça dans une des cellules, la porte non verrouillée, et on me donna une tasse de thé. Lorsque j'eus fini de la boire, je m'allongeai sur l'étroit lit en fer, tirai la couverture jusqu'à mon menton et je m'endormis.

J'étais revenu au point de départ : ce n'était pas la première fois que je me retrouvais au poste de police après avoir fugué, et j'étais déçu et inquiet. Je savais que tout était ma faute, mais, malgré le fait que ce qui s'était passé lorsque Bongo m'avait réveillé ne semblait pas être une chose si grave lorsque je l'avais expliqué a posteriori, mon instinct me disait qu'il ne fallait pas se fier à lui.

Le lendemain matin, à mon réveil, une policière était debout à côté de moi avec une autre tasse de thé à la main et un bol de céréales fumantes. Je mangeai, me lavai, et on m'emmena dans la pièce principale du commissariat où on m'annonça que je n'allais pas retourner au foyer.

— Tu vas aller dans une petite ville qui n'est pas très éloignée de l'endroit où vit ta famille, expliqua le policier.

Mon cœur se mit à accélérer sous le coup de l'enthousiasme.

— Est-ce que je vais vivre avec Sonia ? demandai-je en retenant mon souffle.

— Qui est Sonia ? demanda le policier.

— Sonia Denby, répondis-je alors que mon enthousiasme commençait à s'étioler. C'est une parente de mon père. Je suis allé la voir et elle lui a écrit une lettre.

— Non, tu ne vas pas vivre chez Sonia.

Le policier avait cependant un ton plein de sympathie.

— Tu vas aller dans une autre maison et, cette fois, tu ferais mieux de bien te conduire, mon gars. Si tu continues à fuguer, tu vas finir par énerver les gens qui prennent soin de toi. Tu comprends ça, non ?

Si j'avais été capable de formuler mes pensées, je lui aurais expliqué que les gens qui prenaient soin de moi étaient à la source de mes problèmes et de mes envies de fuguer.

Tyndale House était un autre grand bâtiment imposant situé au fond d'une allée au bord d'une route qui partait d'un village pour s'enfoncer dans la campagne. Il s'agissait d'un internat pour « mauvais garçons », ce que je n'appris que plus tard. Je suppose que, pour les autorités, j'étais effectivement un mauvais garçon, mais je savais que je n'étais jamais mauvais délibérément.

Aller à Tyndale House, c'était comme de sauter de la poêle brûlante directement dans le feu. Les grands chefs de ce foyer étaient un couple dans la quarantaine du nom de M. et Mme Harrison. Physiquement, ils n'auraient pas pu être plus différents : elle était extrêmement mince et assez grande tandis qu'il était petit et énorme. Cependant, du point de vue de leur caractère, ils étaient tout aussi méchants, méprisants et tyranniques.

J'avais dix ans lorsque j'arrivai à Tyndale House et j'avais déjà accepté le fait que j'allais vivre là ou dans un centre de ce genre pendant toute ma vie ou du moins ce que je pouvais prévoir. De toute façon, c'était mieux que de vivre avec mon père et Flossie : jusqu'alors, personne ne m'avait frappé avec un tisonnier ou n'avait cloué mes pieds au sol.

À mon arrivée, il y avait une trentaine d'enfants dans le centre, uniquement des garçons entre six et douze ans. Nous avions tous des problèmes d'un genre ou d'un autre. D'ailleurs, je ne pense pas qu'à l'époque, quiconque ait eu envie d'approfondir quoi que ce soit dans l'esprit et les expériences des enfants perturbés sur le plan émotionnel. L'idée était de nous contenir de manière à ce que nous ne risquions pas de gêner ou d'irriter le reste du monde. Au lieu de s'attaquer aux causes de nos difficultés, la société s'appuyait sur des gens comme les Harrison pour discipliner les potentiellement indisciplinés avec une main de fer dans un gant d'acier.

Outre les Harrison, il y avait trois autres adultes à Tyndale House, et tous vivaient à l'extérieur et ne travaillaient pas le week-end. Heureusement, Mme Lewis, l'un de ces adultes, était vraiment gentille. Il était clair qu'elle n'approuvait pas la manière dont les Harrison nous traitaient, mais je suppose qu'elle avait besoin de travailler et qu'elle n'osait pas s'opposer ouvertement à eux. Mme Lewis me parlait toujours avec douceur et m'écoutait avec sympathie, un peu comme ma mère l'aurait fait, je suppose. Il y avait donc au moins un adulte qui paraissait m'aimer et auquel j'avais l'impression de pouvoir me fier.

Sauf lorsque l'un ou l'autre des Harrison se défoulait sur nous, la vie dans le centre était plutôt routinière. Tous les matins, nous exécutions les corvées qui nous étaient allouées, c'est-à-dire essentiellement du nettoyage, et nous avions ensuite des leçons, puis de nouvelles corvées et nos devoirs. Le samedi, nous nous occupions du jardin le matin et, l'après-midi, nous avions quartier libre. Enfin, le dimanche, nous allions à l'église deux fois et au catéchisme, tout comme nous le faisions à Pelham.

Le samedi après-midi, certains garçons se rendaient dans la salle commune pour jouer à des jeux ou construire des machines élaborées avec des Meccano ; d'autres, dont je faisais généralement partie, jouaient dehors sur la grande pelouse située à l'arrière de la maison ou dans les bois, où nous ramassions des pommes de pin pour fabriquer des projectiles et des frondes. Quand j'y repense à présent, la seule chose « positive » que je peux dire au sujet de M. et Mme Harrison est qu'ils n'étaient que de petites brutes. Je ne veux pas dire par là que la brutalité n'est pas néfaste, voire dangereuse ; elle peut provoquer, et elle provoque, d'énormes dégâts et catastrophes chez les enfants aussi bien que chez les adultes, comme je le sais trop bien d'après mon expérience puisque j'ai passé des années à être brutalisé.

C'est un monstre diabolique que je connaissais bien, mais, à Tyndale House, il prit une allure encore différente, comme cette nuit où Bongo m'avait réveillé. Ce visage nouveau que pouvait prendre la violence était une chose que je redoutais désormais par-dessus tout.

À Tyndale House, le règlement était des plus stricts. Afin de veiller à contrôler tous les enfants dont ils avaient la charge, les Harrison exploitaient la stratégie qui consiste à diviser pour mieux régner. J'appris rapidement qu'il fallait surtout éviter d'émettre des critiques sur le couple, y compris à des garçons que je croyais être mes amis. Vous pouviez obtenir des bons points, qui vous donnaient des parts de gâteau au chocolat, en dénonçant le garçon qui les avait critiqués ou s'était moqué d'eux. Lorsqu'ils avaient un garçon dans leur ligne de mire, vous étiez simplement soulagé que ce ne soit pas vous. Après avoir échappé aux coups de poing et aux coups de pied de Flossie et de mon père, je me retrouvais souvent à subir le même traitement de la part des Harrison, et je fus témoin de nombreuses agressions physiques sur d'autres garçons aussi. Mon problème, c'est que je me défendais toujours, ce que Mme Harrison considérait notamment comme un bonus. Elle allait presque jusqu'à caqueter de plaisir lorsque ma résistance lui fournissait la minuscule excuse pour justifier juste ce dont elle avait besoin pour me battre encore plus fort et plus longtemps.

Parfois, on semblait punir un garçon pour nulle autre raison que cela fournissait aux Harrison la satisfaction de savoir que c'étaient eux qui tenaient les rênes. On ne peut le nier, ils nous dirigeaient d'une main de fer, mais il leur arrivait aussi de perdre tout sang-froid, d'une manière terrible.

C'est ce qui se passa notamment un week-end où nous fûmes tous convoqués dans la salle commune. Tandis que nous pénétrions tous à la queue leu leu dans la pièce, M. Harrison demanda à un jeune garçon du nom de Terry de sortir du rang.

Dès que Mme Harrison referma la porte, son mari se mit à le bourrer de coups. Terry ne s'y attendait pas et il tomba à terre comme si on l'avait brisé en deux, mais M. Harrison continua à le frapper à coups de pied. C'était surréel, comme un mauvais rêve ou comme une scène d'un film d'horreur. M. Harrison hurlait et jurait, et Terry gémissait. Chaque fois qu'il poussait un gémissement, il recevait encore plus de coups, jusqu'à ce qu'il soit, littéralement ou presque, ballotté comme un ballon de foot dans toute la salle.

Les garçons du centre n'étaient certainement pas des saints ; nombre d'entre eux étaient très perturbés et certains étaient plutôt violents ou plutôt insolents, mais, hormis quelques soupirs, personne ne fit un seul bruit tandis que nous contemplions, bouche bée, sans oser y croire, la scène qui se déroulait sous nos yeux. Ce qui me vint immédiatement à l'esprit (et je suis sûr que je ne fus pas le seul garçon à le penser), c'est que j'étais content de ne pas avoir fait ce dont on accusait Terry pour qu'il mérite une telle raclée. En fait, je sais que je n'arrivais quand même pas à comprendre ce qu'on pouvait avoir fait pour *mériter* une pareille violence.

Il ne fallut pas longtemps pour que mon impression de soulagement se transforme en panique lorsque je réalisai que M. Harrison allait tuer Terry. C'était une certitude qui me posait un dilemme certain : devais-je ne pas m'en mêler pour demeurer en sécurité ou devais-je intervenir et me jeter sur M. Harrison pour l'empêcher d'assassiner le pauvre garçon ? Peut-être était-ce un choix que je n'aurais pas à faire parce que, bien sûr, Mme Harrison allait faire quelque chose, non ? Ne serait-ce que pour que son mari n'aille pas en prison parce qu'il aurait battu à mort un enfant dont il était censé prendre soin ? Je tournai les yeux vers l'endroit de la salle où elle se tenait, à côté de la fenêtre, les bras croisés sur la poitrine avec un sourire mauvais sur le visage. De toute évidence, le salut de Terry n'allait pas venir d'elle.

Au fond de la salle commune, il y avait une rangée de casiers en bois assez lourds, où l'on rangeait les jeux de plateau et autres affaires. Les casiers étaient assez profonds et mesuraient environ une bonne cinquantaine de centimètres, avec des pieds courts qui formaient un intervalle de quinze centimètres dessous.

Il aurait été impossible pour n'importe qui sauf un tout petit enfant de se glisser dans un tel espace, mais, je ne sais comment, Terry y parvint. En rampant comme un animal pris de panique et en laissant une trace de sang derrière lui sur le sol, il s'écrasa sous les casiers et se serra contre le mur.

Tous les garçons présents dans la salle retinrent leur respiration alors que M. Harrison venait d'atteindre l'étroit espace pour attraper Terry. Lorsqu'il se rendit compte qu'il n'allait pas pouvoir le sortir de là, il défoula sa rage en cognant à plusieurs reprises le casier juste au-dessus de la tête de Terry. Puis, il se tourna vers nous en hurlant :

— Que cela vous serve de leçon, bande de connards ! Toi, ajouta-t-il en pointant le doigt vers l'un des garçons, puis vers le sang qui maculait le sol. Nettoie-moi tout ça !

Il soufflait péniblement comme les personnes qui font un effort qui dépasse leurs capacités physiques, et il avait le visage rouge comme une betterave gâtée. Je ne l'avais jamais vu si en colère et c'était la première fois que j'entendais l'un des adultes jurer. Il avait cependant obtenu ce qu'il voulait : j'étais désormais prévenu.

Cependant, je ne crois pas qu'aucun de nous ait compris ce que Terry avait fait pour déclencher la fureur incontrôlée de M. Harrison et, au lieu de me rappeler de ne pas faire la même chose, l'incident ne servit qu'à augmenter mon sentiment d'insécurité, qui était déjà fort important. Sans doute que cela augmenta également la rancœur, voire la haine que tous les garçons éprouvaient à l'égard des Harrison et de tout autre adulte qui les avait maltraités et tyrannisés.

Cet épisode eut aussi une conséquence positive, car le fait d'assister au passage à tabac de Terry créa un lien entre les garçons, même s'il ne dura pas. Lorsque les Harrison quittèrent la salle commune en claquant la porte derrière eux, nous rassemblâmes nos forces pour aider Terry à sortir de son refuge sous les casiers et nettoyer le sang sur le sol.

À présent que la panique qui lui avait permis de se glisser dans un espace aussi étroit s'était relâchée, Terry eut beaucoup de mal à sortir de sa cachette. Lorsqu'il y parvint enfin, je fus choqué par son aspect : il avait le visage gonflé et couvert de sang et de taches rouges qui viraient déjà au bleu noir ; et ses vêtements étaient déchirés parce qu'il les avait accrochés sur les aspérités du dessous des casiers.

Heureusement, ce qui arriva à Terry ce jour-là était plutôt rare. Nous avions accepté l'idée d'être frappés à coups de pied et de poing par les Harrison de manière relativement régulière, mais cela n'allait pas souvent jusqu'à de telles extrémités. Je ne découvris jamais ce que Terry avait fait ce jour-là, et je doute qu'il le sût lui-même. Quoi qu'il en soit, rien ne pouvait justifier une punition aussi épouvantable et inhumaine.

J'apprenais vite et il ne me fallut guère de temps après mon arrivée à Tyndale House pour comprendre qu'il valait mieux la boucler et faire ce qu'on me disait de faire. Il m'était assez facile d'obéir, mais j'avais plus de mal à ne pas protester !

Les Harrison me considéraient comme les autres garçons placés sous leur protection : un fauteur de troubles qui refusait de se conformer aux règles et un inadapté à tous points de vue, pour lequel il était inutile de gaspiller des efforts ou du temps. À l'âge de dix ans, après avoir connu la gentillesse en ce qui se comptait en jours depuis la mort de ma mère quand j'avais deux ans, j'acceptais cette vision de moi.

Tout le monde m'avait apparemment abandonné, et je crois que je m'abandonnais également. Si vous prétendez pendant suffisamment longtemps que vous êtes capable de résister à tout et que vous ne vous souciez de rien ni de personne, vous finissez par devenir la personne que vous prétendez être, au moins en surface.

Je fuguai de Tyndale House à deux reprises, mais sans dépasser la partie boisée du parc où je dormis jusqu'au matin avant de rentrer pour affronter ma punition. Puis, un jour froid et humide, alors que cela faisait huit mois que j'étais là, je fus convoqué dans le bureau, et

M. Harrison m'annonça que je quittais le foyer plus tard dans l'après-midi.

— Où vais-je aller ? Et pourquoi ? Pourquoi je dois partir ?

Je ne regrettais pas de m'en aller, mais, comme je n'avais pas fugué ni fait quoi que ce soit depuis des lustres qui m'ait attiré des ennuis, je ne comprenais pas la raison d'un départ précipité.

— Tout ce que tu as besoin de savoir, jeta M. Harrison, c'est que tu pars. Va faire ton sac.

Sa voix portait toute la sympathie et la compréhension qu'il pouvait éprouver, c'est-à-dire, comme d'habitude, aucune. Personne d'autre ne put (ou ne voulut) me donner d'explication. Alors, je haussai les épaules en déclarant que j'étais content de partir et que je me fichais de savoir où j'allais parce que n'importe quel autre endroit serait préférable à Tyndale House.

La vérité, c'est que j'étais terrifié.

9

Lorsque j'eus fait mon sac, ce qui me prit peu de temps parce que je n'avais que quelques vêtements et peu de possessions, je me glissai dans la cuisine pour dire au revoir à Mme Lewis.

Pour un garçon qui se fichait de tout, j'étais au bord des larmes lorsqu'elle appuya ma tête contre son immense poitrine en me disant que j'allais lui manquer. Je lui dis qu'elle me manquerait aussi, mais, avant de sortir de la cuisine, je redressai les épaules, relevai le menton en espérant que l'expression de mon visage exprimait un degré satisfaisant d'indifférence.

Après le déjeuner, une jeune femme vint me chercher et, lorsque j'eus salué les quelques garçons qui étaient devenus mes amis, je montai dans le siège passager de sa voiture et laissai Tyndale House pour ne plus y revenir.

À l'extrémité de l'allée, la femme tourna à gauche, dans la direction du village où vivait, selon la pancarte, la parente de mon père, et je lui demandai avec autant d'enthousiasme que je l'avais demandé au policier quelques mois plus tôt :

— Vais-je habiter avec Sonia ?

— Ah ! tu parles ! dit la femme en riant. Je commençais

à me le demander. Quant à ta question, tu devras attendre de voir. Elle me lança un sourire, et je sentis que la tension qui m'avait fait serrer les poings depuis le départ s'allégeait un peu.

Malgré les nombreuses années qui se sont écoulées depuis, je me souviens parfaitement du visage de la jeune femme, notamment de son sourire. En fait, je me souviens du visage de toutes les femmes qui ont été bonnes avec moi lorsque j'étais enfant. Comme je n'ai pas vu de photographie de ma mère avant de devenir adulte, je pense que j'imprimais leurs visages dans mon esprit, à la place vide qu'aurait dû occuper celui de ma mère.

Nous n'avons pas pu faire plus d'une demi-heure de trajet lorsque nous quittâmes la route principale pour franchir deux piliers en pierre avant de nous arrêter dans la cour gravillonnée d'une grande demeure victorienne. La bâtisse me paraissait vaguement familière, comme le souvenir flou d'une scène que j'aurais vue dans un rêve, de même que le petit cottage de l'autre côté de la cour. Mais la seule chose qui me parut certaine, c'est que ce n'était pas là que vivait Sonia Denby.

Je patientai dans la voiture, et la femme vint ouvrir la portière du côté passager en disant d'un ton joyeux :

— Viens, Peter ! Nous sommes arrivés.

Lorsque je sortis, elle me prit la main en la serrant comme pour me rassurer et m'encourager, et je parvins à esquisser un faible sourire et à la suivre à travers la cour.

Nous étions encore à quelques pas du cottage lorsque la porte d'entrée s'ouvrit sur une femme qui vint à notre rencontre. Parfois, lorsque vous voyez quelque chose de totalement inattendu, votre esprit est incapable de comprendre la scène, et c'est qui se produisit ce jour-là, quand ma grand-mère se précipita vers nous avec un immense sourire sur le visage. La grande maison victorienne pas tout à fait inconnue était celle où vivaient ma marraine, le Dr Margaret, et son mari. Lorsque le Dr Margaret avait appris que je vivais dans un foyer pour enfants dans la région, elle avait proposé à ma grand-mère d'occuper un cottage sur le domaine de manière à ce que j'aille vivre avec elle et qu'elle puisse s'occuper de moi.

Je sais que mes grands-parents avaient été relativement à l'aise avant la mort de mon grand-père, et je ne sais pas ce qui était arrivé pour que ma grand-mère se retrouve sans argent. Pour joindre les deux bouts, elle avait dû louer des chambres à Delia et à Nigel dans son appartement de Cheltenham et, pour le cottage, elle avait accepté de faire le ménage dans la grande maison quelques jours par semaine.

C'est le Dr Margaret qui m'expliqua qui était responsable des dispositions prises pour que je puisse quitter Tyndale House. Je lui étais déjà reconnaissant parce qu'elle avait été vraiment gentille avec moi après la mort de ma mère et l'installation de Flossie dans le pavillon, et je lui serai reconnaissant jusqu'à la fin de mes jours pour ma grand-mère et moi.

Bien que je fusse de retour dans le village où ma mère m'avait ramené quelques jours après ma naissance, je repartais de zéro et j'avais la chance de vivre avec quelqu'un qui m'aimait. C'était beaucoup plus que ce que je n'aurais jamais pu espérer.

Pendant les quelques mois suivants, je vécus dans le cottage avec ma grand-mère et j'allais à l'école à la ville voisine. Bien sûr, l'enfant perturbé que j'étais ne se transformait pas comme par magie en garçon parfait (comme celui du poème de Stevenson[1]) : j'étais têtu, je n'obéissais pas toujours aux ordres, je trouvais difficile de me fier aux gens, et tout ce que je disais était copieusement émaillé de mots d'argot. En revanche, je ne faisais jamais rien de vraiment méchant et je ne fuguais plus. Mais j'avais été marqué au fer par quelque chose qui avait grandi en moi et qui m'incitait parfois à me conduire comme un imbécile. Je suis sûr qu'il y eut des moments où ma pauvre grand-mère désespérait d'être capable de faire mieux que d'arrondir les angles.

En pratique, ces mois que je passai avec ma grand-mère allaient tout changer, même si personne n'aurait pu le prédire à l'époque. Je m'étais engagé dans une voie qui m'aurait probablement conduit en marge de la société, mais, grâce à ce que ma grand-mère fit pour moi, avec l'aide du colonel et du Dr Margaret, je commençai à entrevoir qu'il existait une meilleure route, une route que ma mère aurait sans doute choisie pour moi si elle avait vécu.

Le Dr Margaret et le colonel prenaient toujours le temps de bavarder avec moi lorsqu'ils me croisaient. Le colonel s'adressait à moi d'un ton jovial en disant :

— Alors, mon garçon, comment vas-tu ?

Et il écoutait mes réponses. Il avait une grosse moustache blanche, le dos droit comme un parapluie et une voix qui aurait porté dans toute la cour d'honneur de la caserne la plus grande. C'étaient les histoires qu'il me racontait, à propos de sa vie dans l'armée et du temps qu'il avait passé avec le régiment de cavalerie des Royal Lancers, en Inde, qui me firent comprendre qu'il y avait tout un monde au-delà de mon expérience étroite et

1. Voir l'annexe.

réduite, et ce sont ces histoires qui me donnèrent l'envie furieuse de voyager. Quand j'y songe désormais, je pense que c'était un acte délibéré de leur part : ils voulaient me faire comprendre que le monde était un endroit fascinant et qu'il y avait d'autres manières de vivre qui étaient aussi différentes que possible que l'existence que mon père et Flossie avaient choisi de mener. Ma grand-mère, le Dr Margaret et le colonel m'enseignèrent bien d'autres choses aussi, et, lorsque j'entrai au lycée voisin, j'avais acquis une assurance inédite, qui me permit de m'adapter et de me faire des amis. Je n'avais pas pour autant oublié mon passé (huit années ne s'effacent pas en une seule nuit), mais ce n'était désormais plus qu'un petit caillou plutôt qu'un rocher de la taille de celui de Gibraltar comme cela avait été le cas jusqu'alors.

Mon horizon s'élargit encore à l'école, notamment lorsque je découvris les poètes romantiques comme Wordsworth et Keats, et le merveilleux poème d'Alfred Tennyson[1], qui me donnèrent le goût de la poésie, une passion qui ne s'est jamais démentie depuis. À la maison, ma grand-mère m'encouragea à écouter de la musique classique sur sa radio et me laissa jouer sur son piano qui remplissait presque tout le salon du cottage. Bien entendu, je ne jouais pas vraiment ; je me contentais de tapoter les touches en essayant de retrouver les notes des airs que j'avais entendus.

L'un des aspects les plus significatifs dans la manière dont ma grand-mère me traitait était qu'elle ne criait jamais. J'ai dû faire de nombreuses choses qu'elle trouvait, au mieux, frustrantes – après tout, je n'avais pratiquement rien connu d'autre qu'une famille profondément

1. Voir l'annexe.

dysfonctionnelle et des institutions où je m'étais retrouvé en compagnie d'autres garçons perturbés (sans parler des adultes qui l'étaient plus encore). Mais elle prenait toujours la peine de m'expliquer le pourquoi et le comment, et elle me demandait de faire les choses plutôt que de me donner des ordres, ce qui était une autre nouvelle expérience à laquelle je réagissais bien.

C'est au cours de ces mois-là que je pris la décision de devenir comme ma grand-mère, le Dr Margaret et le colonel Howard. Ce n'était pas la fortune des Howard qui m'attirait, leur grande demeure et les chevaux, mais la manière dont ils se parlaient et la sobriété de leur comportement en comparaison des bagarres mélodramatiques et des conflits violents auxquels j'avais été habitué.

Peu à peu, l'armure protectrice dans laquelle je m'étais réfugié se délitait par fragments, sans doute à la surprise de tous, y compris de la mienne. Sous la façade désinvolte, maussade et obstinée apparaissait un petit garçon intelligent et généreux.

Cela faisait dix-huit mois environ que je vivais chez ma grand-mère lorsque les choses changèrent brusquement. Je savais qu'elle n'était pas en très bonne santé, mais je ne découvris jamais pourquoi elle m'annonça, un matin ensoleillé d'août, que j'allais quitter le cottage pour aller vivre dans un autre foyer pour enfants situé à proximité. Je fus anéanti.

Le monde des enfants est minuscule et, comme tout enfant, j'occupais une position au centre de mon monde, ce qui signifie que je reliais tout ce qui survenait dans ma vie à mes propres actes. À l'âge de douze ans, je ne trouvai aucune autre explication au fait que l'on m'envoie dans un foyer si ce n'est que ma grand-mère ne voulait plus de moi parce que j'avais fait quelque chose de mal.

Peut-être était-ce le cas, mais je n'ai aucun souvenir de ce que cela aurait pu être.

Lorsque je quittai le cottage pour toujours une semaine plus tard, ma grand-mère pleurait. Je ne la revis pas avant des années, lorsque je lui rendis visite avec ma femme à l'hôpital quelques jours avant sa mort. Je ne revis jamais le Dr Margaret. J'étais perplexe autant que blessé, et je ne comprends pas mieux leur décision aujourd'hui, mais je leur serai quand même toujours reconnaissant.

Lorsque je quittai le village pour la seconde fois, je ne pensais plus que j'étais un imbécile ou un âne bâté comme le disait Flossie ; je n'étais plus le « mauvais garçon » de Tyndale House. Avant de venir vivre avec ma grand-mère, je croyais (du moins, dans mon subconscient) que ma vie était toute tracée et que mon avenir n'était pas enviable. Lorsque je partis, j'avais constaté entre-temps qu'il y avait une manière très différente de vivre et j'avais désormais en tête un avenir auquel aspirer.

Dans l'heure suivante, j'étais installé dans mon nouveau foyer. Cette fois, c'était un centre mixte, avec une quarantaine de garçons et de filles de quatre à quinze ans. À part ça, il ressemblait aux autres institutions dans lesquelles j'avais vécu. Le directeur du centre habitait sur place avec sa femme et sa fille de neuf ans, de même que trois autres femmes, membres du personnel dans la trentaine, toutes trois pleines de bon sens, pragmatiques et qui ne manifestaient pas de cruauté.

J'aimais déjà beaucoup l'école et, après mon changement de résidence, je continuai à fréquenter le même établissement. Au cours des mois suivants, j'appris aussi à jouer au tennis sur gazon, aux échecs, à tirer à l'arc, à nager et je devins même un champion de tennis de table ! À mon réveil, le matin du deuxième dimanche de ma nouvelle vie, je fus ravi de trouver, sur ma commode à côté de mon lit, un blazer gris et un pantalon long. À cette époque, les garçons portaient généralement des pantalons courts au moins jusqu'à l'âge de onze ans. Rien à voir avec les bermudas élégants et bien coupés que les gens arborent de nos jours ; c'étaient des vêtements informes, souvent en grosse flanelle grise, trop grands la plupart du temps, qui descendaient jusqu'aux genoux. Le rêve de tout garçon était de porter des pantalons longs comme un vrai homme, et j'eus du mal à en croire mes yeux : mon premier pantalon long ! Si je fus déçu d'apprendre qu'il était réservé au dimanche, cela signifiait par ailleurs que j'avais une raison d'envisager ce jour-là avec un certain optimisme, contrairement aux autres dimanches des foyers précédents, où nous ne faisions qu'aller et venir entre les messes et le catéchisme.

Pendant la semaine, comme tous les garçons du foyer portaient un pantalon court pour aller à l'école, les seuls de notre âge dans ce cas, ils apparaissaient comme différents, à part. Les autres garçons du lycée n'osaient pas pour autant se moquer de nous parce que nous étions soudés comme des sardines dans leur boîte, et ils savaient que, s'ils s'attaquaient à l'un d'entre nous, c'était comme s'ils s'attaquaient à nous tous.

Au centre, certains dimanches étaient des jours spéciaux. Alors, l'air semblait se charger d'électricité statique. À notre retour du catéchisme, dans l'après-midi, nous nous précipitions à l'étage pour nous laver le visage, nous peigner et faire briller nos souliers du dimanche avec le dessous de nos chaussettes. Nous redescendions pour pénétrer sagement, à la queue leu leu, dans la salle commune qu'un membre de l'équipe ouvrait. De temps en temps, elle renvoyait un enfant rajuster sa tenue, mais cela arrivait rarement parce que c'était une occasion pour laquelle nous étions soucieux de paraître à notre avantage.

Dans la salle commune, les chaises avaient été disposées en rangs nets le long des deux murs opposés et nous nous précipitions avec un tel enthousiasme qu'il nous arrivait de nous asseoir l'un sur l'autre : les filles d'un côté, les garçons en face. Puis, les visiteurs commençaient à arriver.

La plupart des gens qui entraient arboraient le même genre de sourire forcé, comme s'ils voulaient dissimuler leur nervosité. Il s'agissait toujours de couples, parfois seuls, parfois avec un enfant. Ils passaient lentement devant nous en nous examinant comme s'ils examinaient un cheval au marché. Je suppose que c'est exactement ce qu'ils faisaient parce qu'ils étaient tous là pour la même raison, c'est-à-dire qu'ils cherchaient un enfant à adopter. En général, ils jetaient souvent à peine un regard aux plus âgés et choisissaient pratiquement toujours les plus jeunes, ce qui ne nous empêchait pas d'être tous très agités… Peut-être que cette fois…

En fait, je n'étais pas disponible pour l'adoption parce que, bien qu'il ne voulût pas de moi, mon père avait refusé de donner son accord. Lors de ces visites, j'éprouvais cependant toujours une sorte d'anticipation anxieuse. Peut-être me laissais-je aller à penser qu'un dimanche, un couple entrerait dans la pièce, poserait les yeux sur moi et déciderait que j'étais, moi, l'enfant qu'ils voulaient adopter entre tous ! Il n'y a aucun mal à rêver, n'est-ce pas ?

Chaque fois qu'un enfant était sélectionné lors de ces sessions dominicales, nous étions tous aussi heureux que si c'était nous qui avions été choisis. Je pense que cela nous donnait l'impression de faire partie d'une véritable communauté et qu'en choisissant l'un d'entre nous, le couple avait exprimé son approbation à l'égard de nous tous. Je suppose que c'est un peu comme si vous achetiez un billet de loto et que vous découvriez que vous n'étiez qu'à un numéro du gros lot, comme si vous aviez *presque* gagné : cela vous redonne de l'espoir, même s'il s'agit d'un optimisme totalement incohérent.

Au cours des trois années que je passai dans cet établissement, j'acquis une certaine maturité. Je ne pense pas avoir une seule fois envisagé de fuguer. Il est probable que cette impression d'y être davantage à ma place que dans les autres foyers venait en partie de ce que, à ce stade de mon existence, je savais que la vie ne se montrait pas toujours cruelle et que je pouvais être digne d'amour, contrairement à ce que j'avais cru jusqu'à mon séjour dans le cottage avec ma grand-mère. C'est une conviction qui permet plus facilement de supporter certains événements.

Une autre raison de cette impression était le fait que mon nouveau centre était dirigé par des adultes qui comprenaient vraiment les enfants et qui ne s'appuyaient pas sur la violence physique pour se faire obéir. Je me souviens d'avoir été extrêmement surpris de découvrir que pratiquement toutes les personnes responsables de nous avaient de l'humour. La première fois que je m'en aperçus, c'était peu de temps après mon arrivée, lorsque l'une des femmes dit :

— Si jamais tu as envie de faire une fugue, Peter, ce serait bien d'en informer le directeur ou l'une d'entre nous afin que nous te fassions préparer un pique-nique à emporter.

Sur le moment, je me mis à rire et, après, l'idée de m'enfuir aurait paru totalement ridicule. Au moment des fêtes de fin d'année, cela faisait près de quatre mois que j'étais là. J'avais passé le Noël précédent avec ma grand-mère, et c'était le premier de ma vie que j'avais attendu avec joie ; celui-ci était le deuxième.

Je savais que nous allions avoir droit à un repas spécial et que, après le déjeuner, nous jouerions à des jeux, mais je ne m'attendais pas à ce qu'il y ait aussi des cadeaux. Ainsi, le matin de Noël, lorsque je me réveillai, que je descendis, ouvris la porte de la salle commune et découvris que le sol était pratiquement recouvert de taies d'oreiller nouées en haut avec un morceau de ficelle et bourrées à craquer de cadeaux enveloppés dans du papier de couleur vive, j'eus du mal à en croire mes yeux. Chaque taie était identifiée par une étiquette avec un nom. Pour une raison inexplicable, je pensais que je ne trouverais pas le mien, mais cela ne m'empêcha pas de chercher. Les autres enfants, qui s'étaient peu à peu réveillés, m'avaient rejoint dans la salle, et leurs cris de joie résonnèrent bientôt alors qu'ils découvraient leur nom et commençaient à déchirer le papier pour ouvrir leurs présents.

Lorsque je dénichai la taie qui portait mon nom, j'en fus si stupéfait qu'au lieu de dénouer la ficelle, je sortis en courant de la salle pour aller chercher un des adultes. Je faillis heurter l'une des femmes qui venaient de descendre l'escalier. Elle me sourit et, en levant les sourcils dans une expression d'étonnement feint, elle s'exclama :

— Mon Dieu, Peter ! Pourquoi une telle hâte ?

— Il y a une taie, répondis-je en abandonnant toute tentative de dissimuler mon intérêt. Il y a une étiquette avec mon nom, mais je ne sais pas si c'est vraiment pour moi !

La femme tendit la main pour repousser la mèche qui me retombait devant les yeux et, d'une voix posée, elle déclara lentement :

— Hum… Eh bien, je dirais…

Elle s'interrompit et se frotta le menton entre le pouce et l'index comme si elle était en train de réfléchir à une énigme insoluble.

— Je dirais…, heu…, que si ton nom est sur l'étiquette…

Une nouvelle pause et je sentis que mon corps se mettait à vibrer d'excitation contenue. Alors, elle éclata de rire et ajouta, très vite cette fois :

— Je dirais que cette taie est la tienne et que tu dois l'ouvrir tout de suite !

Si j'avais été le personnage d'un dessin animé, il y aurait eu une série d'horizontales pour indiquer la vitesse avec laquelle je retournai vers la salle commune.

J'aurais pu additionner tous les cadeaux que j'avais reçus de toute ma vie, le nombre n'aurait jamais approché celui que contenait la taie d'oreiller. Le plus beau était une montre avec des aiguilles et des chiffres phosphorescents, dont la boîte portait l'inscription : *À Peter, de la part de mamie et du Dr Margaret avec toute notre affection*. Pendant le reste de la journée, et pendant des jours et des jours, je disparus régulièrement dans un coin suffisamment sombre ou dans un placard, où je pouvais contempler avec émerveillement la montre qui me donnait l'heure alors que j'étais incapable de distinguer ma main.

Ce fut un Noël extraordinaire entre tous. La montre joua un rôle remarquable dans l'estime que j'eus ensuite de moi parce que je savais que personne n'offrirait un cadeau aussi prestigieux à quelqu'un qui ne le méritait pas.

Chaque semaine, on nous donnait aussi de l'argent de poche. Moi, je disposais de deux shillings, dont un que je devais épargner pour les vacances annuelles d'été. Avant de venir m'installer au centre, je n'étais jamais parti en vacances, et ces séjours avec tant d'autres enfants étaient toujours très agréables.

Une année, nous nous rendîmes au pays de Galles et allâmes voir un meeting aérien où nous regardâmes avec frayeur un petit appareil tomber en chandelle dans le ciel. Par miracle, il ne s'écrasa pas sur la foule.

Malgré ma tristesse parce que je savais que le pilote avait trouvé la mort dans l'accident, j'éprouvais un étrange sentiment d'exaltation parce l'événement sortait de l'ordinaire et que le fait d'y assister me donnait l'impression d'être vivant.

Un autre été, nous passâmes les vacances dans un village de pêcheurs en Cornouailles. Comme j'avais quatorze ans, on me jugea assez grand pour aller sans surveillance jusqu'au port avec d'autres garçons. Nous prîmes l'habitude de nous mettre en maillot de bain et de demander avec une certaine insolence aux badauds de jeter des pièces dans l'eau pour que nous puissions plonger les récupérer. Quand il faisait chaud en pleine saison, on pouvait ainsi gagner en une matinée de quoi se payer une glace et une barquette de frites.

Un jour, en Cornouailles, on nous emmena voir un spectacle. J'étais debout à une certaine distance des autres, dans la partie protégée par une corde pour les spectateurs, lorsque mon regard fut retenu par un homme. Il était en train de manger une glace, mais il n'y avait rien d'insolite ou de frappant à son sujet, et je ne compris pas pourquoi il avait attiré mon attention si ce n'est qu'il ne me paraissait pas inconnu. Puis, je réalisai qu'il s'agissait de mon père et j'eus l'impression d'avoir reçu un coup de pied à l'estomac. Avant de réfléchir, j'avais tendu la main pour lui toucher le bras. Il se retourna et, de toute évidence, me reconnut immédiatement malgré le fait que j'avais dû beaucoup grandir depuis la dernière fois où nous nous étions vus.

— Qu'est-ce que tu fiches donc ici ? s'écria-t-il.

Il n'avait pas l'air enchanté de notre rencontre et, pendant un moment, je n'arrivai pas à penser ce que je « fichais » là. Alors, au lieu de répondre à sa question, je le fixai comme l'imbécile qu'il avait toujours cru que j'étais.

Tous les adultes du centre étaient venus avec nous en vacances, et c'est l'une des femmes qui vint à mon secours. Elle jaillit de la foule pour venir se placer à côté de moi et, avec un sourire glacial et autoritaire, elle me demanda :

— Tout va bien, Peter ? Connais-tu cet homme ?

Je sentis le rouge voiler mon visage.

— C'est mon père, marmonnai-je.

Cela n'eut guère d'effet sur la femme qui hocha sèchement la tête en direction de mon père avant de poser la main sur mon bras en disant :

— Bien, viens, Peter. Il est temps de rejoindre les autres.

J'étais en train de tourner les talons pour la suivre lorsque mon père lança :

— Attends, attends une minute.

Il plongea la main dans sa poche, en sortit deux demi-couronnes qu'il me tendit. J'étais trop surpris pour réagir et, voyant que je ne prenais pas les pièces, la femme tendit la main et les prit à ma place en remerciant poliment mon père avant de glisser son autre main sous mon coude pour m'entraîner. Lorsque je me retournai, mon père avait déjà disparu parmi les autres spectateurs. Il avait dû être aussi secoué que moi par notre rencontre et m'avait peut-être donné cet argent parce qu'il était embarrassé ou éprouvait un sentiment de culpabilité. De toute façon, ce fut le dernier argent qu'il me donna.

Dans l'ensemble, le nouveau centre pour enfants n'était pas un mauvais foyer. Toutefois, rien n'est jamais parfait, et les règles étaient strictes et pas toujours très justes. Par exemple, si on arrivait en retard aux repas ou avec les mains sales, on ne mangeait pas ; et tous les repas devaient s'achever lorsque le directeur et les adultes avaient terminé le leur : tout ce qui restait dans votre assiette était emporté pour vous être resservi lors du repas suivant, froid, figé et peu ragoûtant. Nous nous y étions habitués et cela nous incitait à manger vite.

Outre ces règles mesquines, il y avait des punitions plus cruelles comme les coups de canne. Lorsqu'un élève commettait une faute, il était convoqué dans le bureau du principal, où il devait baisser son pantalon (ou relever sa jupe) et se pencher sur le bureau pendant qu'on lui administrait « six des meilleurs », une manière qui me paraît toujours aberrante pour désigner le fait de battre un enfant à coups de canne.

Et il y avait également les actes auxquels on aurait dû mettre un terme.

10

Deux soirs par semaine, nous prenions un bain sous la surveillance du principal. Avec une quarantaine d'enfants, le processus occupait au moins deux heures, même si nous passions dans le tub deux par deux.

Le principal sélectionnait deux enfants, un garçon et une fille, qui le suivaient en haut dans la salle de bains, retiraient leurs vêtements et grimpaient dans le bain pour s'asseoir l'un en face de l'autre à chaque extrémité. Assis sur une petite chaise en bois, parfois sur le couvercle du cabinet, le principal ne les quittait pas des yeux pendant qu'ils se savonnaient, se rinçaient, sortaient de l'eau, se séchaient et mettaient leur pyjama. Lorsque les deux enfants étaient prêts pour le coucher, il redescendait et sélectionnait un autre garçon et une autre fille.

C'était un rituel embarrassant, voire humiliant, et une bien étrange manière de procéder, notamment quand on considère que plus de la moitié des enfants de l'école avaient entre douze et quinze ans. Mais c'était la règle, et la moindre protestation vous aurait classé dans les sujets indisciplinés. Cela nous déplaisait, mais nous l'acceptions, comme si c'était normal – ou du moins normal dans le monde dans lequel nous vivions. En fait, nous n'en parlions jamais, même entre nous. Si nous nous étions plaints, qui aurait écouté un enfant qui avait déjà été étiqueté comme « perturbé » ?

Puis un événement me fit renoncer à ma détermination habituelle de « la boucler » pour ne pas m'attirer d'ennuis.

Au foyer, il y avait trois sœurs : Mary, qui avait environ treize ans, Brenda, âgée de onze ans, et Bridget, sept ans. J'avais remarqué, comme tous les autres, je le crois, que le principal appelait parfois Bridget dans son bureau et que, lorsqu'elle en sortait, elle était toujours au bord des larmes ou en train de pleurer ouvertement.

Mary et Brenda se précipitaient pour la réconforter, mais, quand on leur demandait ce qui n'allait pas, elles agitaient la main pour nous repousser en affirmant que tout allait bien et que cela n'avait pas d'importance. Nous n'insistions jamais pour avoir des explications parce que nous étions des enfants qui avaient été déposés là comme des paquets par leurs parents ou retirés de leur famille pour une raison ou une autre, et nous avions parfaitement assimilé la loi du silence qui nous permettait, croyions-nous, de nous protéger. Ce n'était jamais une bonne idée de mettre vos faiblesses en avant devant les autres enfants, même avec vos amis.

Pour ma part, j'étais plutôt naïf et loin de connaître les choses de la vie, et je n'avais aucune idée de ce qui pouvait perturber ainsi la petite Bridget. J'étais quasiment sûr qu'il ne s'agissait pas d'une punition pour une quelconque faute parce que Bridget était une fillette calme, réservée, obéissante et qui ne se montrait jamais insolente.

Le samedi après-midi, parmi les activités qu'on nous proposait, nous fabriquions des tapis en laine pour les gens du village. Un samedi, alors que j'étais dans la salle commune en train de travailler sur un tapis avec Mary et Bridget, le principal vint annoncer à Bridget qu'il voulait la voir. Je jetai un coup d'œil de l'autre côté de la table pour découvrir avec stupéfaction la terreur qui traversa les yeux de la fillette et l'expression de détresse déchirante qui envahit son visage. Quand le principal réitéra son ordre, avec plus d'impatience, Bridget s'accrocha au bord du tapis et éclata en sanglots.

— Bridget ! aboya le principal pour la troisième fois. Qu'est-ce que tu as donc ? Laisse ce que tu es en train de faire et viens avec moi. Tout de suite !

La petite fille ne fit pas un geste. Dès que le principal fit un pas vers elle, je bondis sans réfléchir de mon tabouret. J'avais réagi de manière instinctive et, lorsqu'il lui agrippa le bras et commença à la tirer pour qu'elle descende de son tabouret, je me plaçai derrière elle, entourai son petit corps frêle de mes bras et la maintins contre la table de travail.

En plissant les yeux, le principal m'ordonna :

— Lâche-la, mon garçon. Ne sois pas ridicule. Lâche-la tout de suite.

Je ne répondis rien ; je me contentai de resserrer ma prise sur Bridget et de rester là.

Pour un garçon de mon âge, j'avais probablement une taille en dessous de la moyenne alors que le principal était un homme assez imposant, mais, lorsqu'il m'attrapa le bras en essayant de le dégager, la détermination me donna une force que j'ignorais posséder.

Surpris par ma résistance, il me lâcha une seconde, et je glissai aussitôt la main sous la table pour tenir le bord en bois qui courait dessous. De l'autre main, je m'emparai du tapis et l'enroulai autour du corps de Bridget comme une couverture. À cet instant précis, je sais que j'aurais préféré mourir que de la lâcher.

Incapable de contenir sa fureur devant ma désobéissance et mon insolence, le principal se mit à me bourrer le dos de coups de poing en hurlant de la lâcher. Lorsqu'il vit que cela ne donnait pas les résultats espérés, il saisit mon oreille et la tordit aussi fort qu'il le put. Mais je ne cédai pas. Soudain, les paroles que mon frère avait lancées à mon père un jour où nous habitions dans le Kent me revinrent en tête et je criai :

— Si vous ne la laissez pas tranquille, je vais le dire à la police !

Comme j'ignorais totalement ce qui faisait pleurer Bridget, j'aurais bien été en peine de dire quoi que ce soit, et je ne suis pas sûr du tout de ce que j'aurais pu faire si le principal m'avait poussé à bout. Heureusement, il n'en fit rien. Tandis que mes paroles flottaient dans l'air comme autant d'épées de Damoclès, le principal tourna les talons et sortit de la salle commune en claquant la porte derrière lui.

En l'espace de quelques minutes, la rumeur se propagea dans tout le centre, et Brenda accourut pour réconforter sa sœur et me remercier pour ce que j'avais fait.

Contrairement à ce que j'attendais, il n'y eut aucune répercussion ; en fait, le principal se conduisit comme s'il ne s'était rien passé et, à ma connaissance, il ne convoqua plus jamais Bridget dans son bureau. Elle m'adopta comme un grand frère et se mit à me suivre partout, petite ombre timide dans mon dos. Quant à moi, j'étais fier parce que je savais que j'avais fait ce qu'il fallait.

Au cours de ma troisième année au centre, j'eus une visite à laquelle je ne m'attendais pas, celle de la sœur de mon père. Eileen avait épousé un homme qui travaillait pour une grande compagnie aérienne et ils vivaient avec leurs deux enfants dans une vaste demeure dans le Surrey. C'était une femme douce et pleine de bonté, et je pense qu'elle refusait tout contact avec mon père, dont elle était aussi différente que la craie l'est du fromage ! Avant ce jour, je n'ai d'ailleurs aucun souvenir de l'avoir rencontrée. Je ne sais pas pourquoi elle était venue me voir, peut-être pour faire plaisir à ma grand-mère.

Elle proposa de faire une promenade dans le parc du centre, et nous marchâmes en parlant de tout et de rien. Mon père fut le seul sujet qu'Eileen refusa d'aborder. Je lui posais quand même des questions, mais, au lieu de répondre, elle haussait les épaules et passait à autre chose.

Le seul détail de la visite d'Eileen que je regrette est la cigarette qu'elle me proposa, la première d'une longue série et une habitude contre laquelle je me bats encore aujourd'hui. Jusqu'alors, je n'avais jamais fumé, mais, lorsqu'elle sortit un paquet de du Maurier et qu'elle en alluma une avec un briquet en or très luxueux, je ne pus m'empêcher d'être impressionné. Elle m'en tendit une et je la refusai. Oh ! ce n'était pas pour des questions de santé, mais je craignais qu'un membre de l'équipe ne me surprenne et que je sois puni. Un véritable dur à cuire, n'est-ce pas ?

Cependant, la curiosité et sans doute l'envie d'avoir l'air aussi sophistiqué que ce que ma tante croyait que j'étais finirent par l'emporter et, la deuxième fois qu'elle m'en offrit une, un peu plus tard, je succombai. La première bouffée me fit tousser au point que les larmes inondèrent mon visage. Eileen éclata de rire, mais je persévérai. Cela me donnait la sensation d'être adulte et d'avoir l'air désinvolte.

Ce jour-là, avant de partir, ma tante nota son adresse et son numéro de téléphone sur un morceau de papier, au cas où j'en aurais besoin. Je ne la revis pas pendant plus de trente ans, mais, quelques années après cette rencontre, je lui passai un coup de fil que j'allais regretter.

Par une belle journée d'été peu après la visite d'Eileen, j'étais en train de jouer au tennis sur gazon dans le jardin avec l'un des autres garçons et deux des éducatrices lorsque nous entendîmes un bruit d'explosion qui ne ressemblait à rien de tout ce que j'avais entendu jusqu'alors.

Nous nous arrêtâmes de jouer et nous levâmes les yeux vers le ciel. Au-dessus de nous, il y avait deux avions qui volaient, dont un Gloster Javelin de chasse avec son empennage caractéristique en « T » et son aile delta, en direction des collines où nous découvrîmes par la suite que le Gloster s'était écrasé sur des pique-niqueurs en ne laissant aucun survivant. L'autre appareil, un avion de chasse Hawker Hunter, décrivait des spirales dans le ciel en faisant hurler ses moteurs.

L'une des femmes ne cessait de répéter : « Oh ! Seigneur ! Mon Dieu ! Seigneur ! » tout doucement, comme si elle se parlait à elle-même. Puis, elle laissa échapper un halètement, comme nous tous lorsque nous réalisâmes que ce qui ressemblait à deux petits nuages de fumée qui sortaient du cockpit du Hunter étaient, en fait, le pilote et le copilote qui s'étaient éjectés quelques secondes avant le crash.

Je lançai à l'autre garçon de venir avec moi et nous courûmes dans le chemin qui remontait la colline jusqu'au site de l'accident, près des bâtiments d'une ferme au bord du village.

Une vieille sirène datant de la guerre était déjà en train de retentir lorsque nous arrivâmes à proximité de l'énorme volute de fumée noire qui marquait l'endroit où l'appareil avait touché le sol. Il y avait des morceaux de métal tordu partout, et nous eûmes juste le temps d'en attraper un chacun avant que la police et l'armée ne débarquent. À notre retour au centre, nous montrâmes nos souvenirs aux autres enfants et, devant leur admiration, nous eûmes la sensation d'être des héros.

Tout bien considéré, les trois années passées dans ce centre ne furent pas mauvaises. D'ailleurs, par rapport à la vie que je menais avec mon père et Flossie, elles furent plutôt bonnes, mais, à l'âge de quinze ans, c'est-à-dire aussi un âge où je pouvais commencer à chercher un emploi, j'étais impatient de progresser, de prendre les rênes de ma vie et de commencer à envisager l'avenir.

Si j'avais mieux tendu l'oreille, j'aurais sans doute perçu le rire sarcastique du Destin.

Je ne me souviens pas des dispositions qui furent prises pour moi avant que je ne quitte le foyer pour enfants, mais, à l'époque, il était facile de trouver du travail. Un matin, une quinzaine de jours avant mon départ, je fus convoqué dans le bureau du principal, où je rencontrai M. Gibson, un homme mince dont les cheveux se raréfiaient et qui portait un complet gris froissé.

— Ton père et ta belle-mère souhaitent que tu reviennes vivre avec eux, m'annonça M. Gibson en souriant comme s'il ne voyait pas que ses paroles me faisaient l'effet d'un direct au ventre.

Je n'entendis pas la suite parce que ma tête sembla soudain emplie d'une détonation qui empêchait ses paroles d'atteindre mon cerveau. M. Gibson pensait probablement que Flossie et mon père me faisaient une énorme faveur en acceptant de me laisser rentrer à la maison, notamment parce que la manière dont je le regardais, bouche bée sous le coup de l'horreur, avait dû l'inciter à penser que, au mieux, j'étais un peu simplet.

Lorsque je parvins à me « rebrancher », il disait :

— Bien sûr, du point de vue légal, tu es trop jeune pour prendre des décisions à ce sujet. Alors, je suis sûr que tout va se dérouler merveilleusement bien.

Il y avait toutes sortes de possibilités quant à la façon dont les choses allaient se dérouler, mais je savais que « merveilleusement » n'en faisait pas partie.

Je devinais d'emblée ce que mon père et ma belle-mère avaient en tête en prétendant vouloir que je les rejoigne après toutes ces années. Quand j'étais jeune, je ne servais à rien ; j'étais un boulet qui leur coûtait de l'argent : à présent que j'allais rapporter un salaire à la maison, je devenais beaucoup plus intéressant !

Bien qu'il me fût impossible de supporter l'idée même de retourner vivre avec eux, j'avais passé assez de temps dans des foyers pour reconnaître une décision irréversible quand j'en voyais une et je savais qu'il n'y avait rien que je puisse dire ou faire pour changer le cours des événements.

Deux semaines plus tard, M. Gibson revint donc me chercher pour me conduire dans un lotissement de la banlieue de Cheltenham, où mon père et Flossie habitaient désormais. En fait, c'était un homme assez gentil et, au cours du trajet de ce jour-là, je sentis qu'il n'était pas très heureux de devoir faire ce qu'il faisait ; mais c'était son travail et il n'avait pas le choix.

Mes adieux et mon départ du centre furent encore plus difficiles que ce que j'avais envisagé. Je quittais non seulement un endroit où j'avais des camarades et où je m'étais senti en sécurité, mais je retournais vers un lieu où je n'avais que de mauvais souvenirs et où personne ne m'aimait. Les habitudes ont la vie dure et l'envie de fuguer me traversa l'esprit, mais, au cours des trois dernières années, j'avais beaucoup appris et je savais que cela ne résoudrait rien, sinon me causer encore plus de difficultés. Alors, je m'installai à côté de M. Gibson dans la voiture, la nausée au bord des lèvres. Je me raccrochai à ce qu'il disait :

— Ça va aller, Peter. Ne t'inquiète pas, mon garçon. Tout va bien se passer.

Je savais qu'il souhaitait me réconforter, mais je voyais aussi que, bien qu'il ne connût pas mon père et Flossie, il n'avait pas l'air convaincu pour autant.

Lorsque nous arrivâmes à proximité de notre destination, la frustration et l'anxiété avaient pris le pas sur toute autre sensation. Je me forçai à calmer ma respiration, d'autant que je savais que, si j'arrivais plein de rage et de fureur, c'est moi qui en souffrirais. Il valait mieux accepter l'inévitable et tout faire pour que les choses se passent au mieux.

Lorsque nous quittâmes la route pour pénétrer dans le lotissement et nous garer devant un pavillon, j'avais atteint le fond du désespoir. Je sortis de la voiture, pris une grande inspiration, redressai les épaules et le dos pour tenter de paraître plus confiant que je ne l'étais. J'avais quinze ans et je venais à peine de commencer à éprouver cette assurance naturelle chez un adolescent. En l'espace de quelques heures, j'étais redevenu un enfant, l'enfant de mon père, et la terreur qui ne me quittait jamais quand je vivais avec Flossie et lui revint en force, comme si elle n'avait jamais disparu.

Je suivais M. Gibson dans l'allée jusqu'à la maison lorsque la porte d'entrée s'ouvrit et que mon père sortit, Flossie dans son dos. Dès que je les aperçus, toute l'ancienne anxiété déferla en moi et je dus fermer les poings et serrer les dents pour les empêcher de trembler.

En fait, la première chose qui me frappa est qu'ils avaient l'air beaucoup plus vieux, plus petits et moins menaçants que dans mon souvenir. Je suppose que les années et les centimètres que j'avais gagnés avaient modifié mon point de vue.

Si je n'avais pas été persuadé du contraire, j'aurais pu croire que leur caractère avait également changé parce qu'ils se précipitèrent vers nous en souriant aimablement, comme s'ils étaient heureux d'accueillir le retour du fils prodigue. Mais il n'y avait dans l'expression froide de leurs yeux aucun écho de leur sourire.

— Entrez, entrez ! roucoula Flossie.

On aurait dit qu'elle jouait le rôle de la sorcière d'un conte qui prétend être une belle-mère affectueuse. Elle m'appela « mon chéri » et s'exclama que j'avais grandi depuis la dernière fois où elle m'avait vu. Apparemment, elle avait oublié qu'elle était au moins partiellement responsable du fait que j'avais vécu dans des centres pendant les dernières années.

Elle nous conduisit dans le séjour, où je tombai sur la petite reine, désormais beaucoup moins petite. Nous échangeâmes un regard, mais nous ne nous adressâmes pas la parole.

Pendant que Flossie préparait « une bonne tasse de thé », M. Gibson expliqua à mon père les termes de ce qu'il nommait le « contrat », dont, de mon point de vue, le plus important était que, une fois que j'aurais trouvé un emploi, je devais conserver au moins dix shillings par semaine sur mon salaire. Le reste de mes gains hebdomadaires paierait ma pension, précisa M. Gibson, mais il fallait que je dispose de dix shilling au minimum pour les dépenser à ma guise.

— Mais bien entendu ! s'exclama mon père en hochant vigoureusement la tête comme s'il était choqué au plus profond de lui par la seule idée qu'il puisse faire autre chose que ce qui était juste et raisonnable.

Satisfait de l'assurance qu'il venait de recevoir, M. Gibson m'adressa un sourire : manifestement, il n'avait jamais eu affaire à des gens comme mon père et Flossie, qui dégoulinaient de sincérité et mentaient pratiquement chaque fois qu'ils ouvraient la bouche.

Une fois qu'il eut bu son thé, M. Gibson me serra la main et me souhaita bonne chance dans ma nouvelle vie. Je sentais qu'il croyait honnêtement que c'était la meilleure décision à prendre pour moi et qu'il me laissait là où je devais être. Quant à moi, je n'eus pas une seule seconde de doute et j'avais raison : dès que la porte se referma derrière lui, Flossie et mon père se remirent à me traiter avec leur indifférence froide.

Mon frère, mes sœurs et mes demi-frères ne vivaient plus à la maison et, comme le pavillon comportait trois chambres, j'avais la mienne, où je passais le plus clair de mon temps. L'atmosphère de la maison n'était pas agréable, comme si l'insatisfaction et la mauvaise humeur s'infiltraient dans l'air tel un gaz délétère.

Le pire était le moment des repas, lorsque personne ne parlait beaucoup et que le moindre mot était empreint de critique rageuse. À mon grand étonnement, cependant, cela ne me touchait plus autant que je ne l'aurais cru et, bien que je fusse mal à l'aise et méfiant, je n'étais plus aussi effrayé que dans le passé.

Mon frère était marié et vivait dans un autre pavillon du même lotissement, mais, pendant mon séjour, il ne vint pas une seule fois me voir et je ne lui rendis pas plus visite. Il n'y avait aucun lien entre nous, et je suppose donc que nous n'avions ni l'un ni l'autre envie de faire l'effort. L'une des raisons pour lesquelles il gardait ses distances reposait peut-être sur le fait que notre père lui devait de l'argent.

Apparemment, mon frère lui avait prêté une somme plutôt considérable, au point qu'il avait dû se tourner vers la justice pour réclamer son dû (même alors, mon père ne lui remboursait qu'une livre sterling par semaine).

Les années semblaient n'avoir rien fait pour remédier à l'absence totale d'intégrité de mon père parce qu'il avait également emprunté de l'argent (et une bétonnière) à un homme qui était à la fois un voisin et collègue de travail. Ce n'est qu'après que mon père eut utilisé l'argent pour une première avance pour l'achat du pavillon, effectué les travaux qu'il avait en tête et vendu la bétonnière, que le pauvre voisin comprit qu'il ne devait plus jamais croire aucune de ses histoires à faire pleurer et ne plus jamais non plus lui « prêter » quoi que ce soit.

Le lendemain du jour où M. Gibson me conduisit à Cheltenham pour réunir notre charmante famille était un samedi. À cette époque, c'était un jour ouvré au même titre que les autres jours de la semaine, et j'étais devant la Bourse du travail avec mon père avant même l'ouverture. Lorsque nous atteignîmes le comptoir, je dus répondre aux questions de l'homme qui était chargé de me trouver une occupation.

— Est-il costaud ? demanda-t-il à mon père comme si j'étais invisible ou trop stupide pour répondre moi-même.

— Il est aussi dur qu'une tête de pioche, répondit mon père.

C'était une chose relativement insolite à entendre dans la mesure où mon père ignorait tout de moi. Mais la réponse parut satisfaire l'homme et, d'un trait ample de plume, il fit de moi un membre à part entière de la classe ouvrière.

Je commençai le lundi suivant comme apprenti forgeron dans une entreprise de Cheltenham appelée R. E. & C. Marshall. Même si mon père déclara d'un ton méprisant que je ne ferais que balayer les sols, j'étais si content de commencer à travailler que j'arrivai en avance à la forge. D'ailleurs, il s'avéra que mon père avait tort, car, au lieu de me voir remettre un balai pour faire les sols, on me confia une combinaison bleu marine et on me montra comment actionner les soufflets alimentant en air la machine qui chauffait l'acier afin qu'il soit assez souple pour être usiné.

Je compris vite l'intérêt de la combinaison parce que l'air de la forge était saturé de suie et de limaille de fer et, lorsque la sirène retentit pour la première pause, à dix heures, j'étais couvert de crasse et trempé de sueur. C'était fantastique. Pendant que j'étais en train d'actionner les soufflets, j'avais oublié tout ce qui m'était arrivé et je n'étais plus qu'un apprenti. Jusqu'à cet instant, tous les aspects de mon existence avaient été façonnés par d'autres personnes ; à présent, mon tour était venu de prendre en main mon propre destin. Je gagnais ma vie et je croyais que, si je travaillais assez dur, je pouvais faire tout ce que je voulais.

C'est pendant que je travaillais à la forge que je découvris que j'étais capable d'assimiler rapidement de grandes quantités de connaissances dans les domaines qui m'intéressaient. Au cours des semaines qui suivirent, j'appris énormément de choses sur la teneur en carbone qui rend l'acier plus ou moins dur ou malléable, sur la température précise à laquelle le métal doit être travaillé, et qu'il faut le refroidir dans l'eau chaude et non pas dans l'eau froide pour éviter l'apparition de fines fissures qui affaibliraient la pièce, même après durcissement.

J'étais particulièrement fasciné par l'enclume, de même que par le talent du maître forgeron qui savait toujours comment manier le marteau pour façonner l'acier rougi par la chaleur. J'avais également remarqué qu'il abattait parfois le marteau sur l'enclume au lieu du morceau d'acier qu'il travaillait.

Lorsque je lui en demandai la raison, il me tendit le marteau en me proposant de faire un essai. Après avoir martelé l'acier à plusieurs reprises, avec un enthousiasme qui dépassait largement ma dextérité, je sentis que l'outil commençait à me glisser de la main et, lorsque je l'abaissai sur l'enclume (métal dur contre métal dur), il redevint maniable.

— Maintenant, tu relâches ta prise ! cria le forgeron pour couvrir le bruit de la forge. Laisse le marteau revenir naturellement dans ta main. Tu vois ? Tu le sens ? À présent, tu peux continuer.

Les autres ouvriers de la forge se montraient plutôt cordiaux et encourageants, notamment lorsqu'ils comprirent à quel point je m'intéressais à ce qu'ils faisaient et que j'étais avide de leurs conseils, sans parler du fait que j'étais prêt à travailler dur. Pour quelqu'un comme moi, qui avait passé une grande partie de sa vie à croire qu'il était stupide, cette prise de conscience que j'étais capable d'apprendre vite et que j'étais à même d'exécuter des tâches relativement complexes après un minimum d'instruction dopait mon assurance et me donnait de l'espoir pour l'avenir.

À la fin de la journée, lorsqu'il fut temps de pointer, j'étais épuisé mais heureux.

— Tu peux pas pointer si t'as pas pissé dans le seau, me dit l'un des hommes pendant que je retirais ma combinaison sale et me préparais à rentrer chez moi. Tu dois te rincer les mains dans l'urine et les laver ensuite. Quand tu fais ça, la meilleure idée, c'est de la fermer. Allez, mon gars. Tout le monde doit y passer.

Les autres se mirent à rire et je sentis que je rougissais. J'espérais simplement qu'ils faisaient la même blague à tous les bleus et qu'il ne s'agissait pas d'une chose qu'ils avaient inventée uniquement pour moi parce qu'ils pensaient que j'étais stupide. En fait, il s'avéra que ce n'était pas du tout une blague : c'était une chose qu'ils faisaient tous les jours parce que l'ammoniaque contenue dans l'urine contribuait à endurcir la peau de leurs mains. Je suppose que les forgerons d'aujourd'hui ont découvert une autre manière d'obtenir le même résultat !

Ce jour-là, lorsque je rentrai à la maison, et de même chaque jour qui suivit, personne ne me posa de questions sur ce que j'avais fait. Après avoir dîné en silence, je me rendis dans ma chambre, mais peu m'importait, désormais, parce que j'avais travaillé dur et que j'étais fatigué. J'aimais mon travail à la forge, et ma confiance fut encore augmentée lorsque le patron déclara qu'il était très content de mon travail.

À la fin de la première semaine, lorsque je me réveillai le vendredi matin, je demeurai un moment dans mon lit à regarder le plafond en me demandant pourquoi je me sentais si gai. Et puis, je me rappelai que c'était mon tout premier jour de paie.

Il était déjà tard lorsque la femme de la comptabilité pénétra dans l'atelier en portant une petite boîte. Je fis mine de ne pas la remarquer, mais je l'observai subrepticement pendant qu'elle remettait une enveloppe brune à chacun des hommes.

Pour finir, elle m'en tendit une aussi et ce n'est que lorsqu'elle se mit à rire en me tapotant l'épaule que je me rendis compte que je souriais de toutes mes dents. Je rougis de fierté, et l'un des hommes me donna une claque dans le dos en disant :

— Tu as travaillé dur pour ça, mon gars. Tu le mérites.

Nous n'avions pas encore terminé le travail et ce n'est que lorsque nous disposâmes d'une brève pause que je pus sortir l'enveloppe de ma poche, l'ouvrir et compter mes gains : trois livres et dix shillings. Le soir, lorsque je rentrai au pavillon, mon père tendit la main sans un mot et je posai l'enveloppe dans sa paume ouverte.

D'ailleurs, j'étais content de la lui remettre parce que de savoir que je payais mon lit et mon couvert me donnait la sensation grisante de ne rien devoir à mon père et à Flossie. Je ne leur étais redevable en rien.

Je restai là, à attendre que mon père me rende ce qu'il avait conclu avec M. Gibson, mais il se contenta de me lancer un regard chargé de haine.

— Quoi ?

— Mes dix shillings, répondis-je.

Soudain, toute mon assurance et ma fierté s'évanouirent, et j'eus l'impression d'être redevenu un petit garçon stupide parce que j'avais cru que mon père tiendrait parole.

— Ah ! ouais, ben, je peux pas me permettre de te donner quoi que soit en ce moment, dit-il en pliant les billets et en les empochant. On est un peu juste et j'ai besoin de tout.

Je fus envahi par un énorme sentiment de déception et de frustration et, pendant un instant affreux, je craignis de fondre en larmes.

« Je peux pas me permettre de te donner quoi que ce soit », avait-il dit. Il parlait de l'argent que moi, j'avais gagné. Comment avais-je pu être si crédule pour imaginer qu'il avait changé ? Bien sûr que non ! Il était toujours la brute méchante, l'escroc qu'il avait été et qu'il serait jusqu'à la fin de sa vie.

— T'en fais pas, ajouta-t-il en hochant la tête comme pour donner plus de crédibilité à ses paroles, tu l'auras la semaine prochaine. Je te le promets.

Ma détresse se transforma vite en ressentiment, au point que je fus sur le point de perdre mon sang-froid. L'idée de le frapper et de lui prendre de force ce qui était à moi me traversa l'esprit, mais, fort heureusement, je ne bougeai pas : j'aurais pu éprouver un bref sentiment de satisfaction à le frapper, mais je savais que, à long terme, ce serait moi qui en ferais les frais comme chaque fois que nous nous affrontions.

La semaine suivante, il ne tint pas sa promesse, pas plus que les semaines suivantes. Je suppose que j'aurais pu prélever mes dix shillings dans l'enveloppe avant de la lui remettre, mais je ne le fis pas pour autant : je savais que, bien que cet argent me revînt de droit, un tel acte risquait d'ouvrir les vannes de l'enfer. Au bout d'un mois, j'avais cependant élaboré un plan.

11

Nous recevions la paie le vendredi, mais le samedi était aussi un jour travaillé. Cela faisait cinq semaines que j'avais commencé à la forge lorsqu'un vendredi, en rentrant à la maison, j'annonçai que nous ne serions payés que le samedi à cause d'un problème à l'usine. J'avais le cœur qui battait la chamade, mais mon père était si sûr de son emprise sur moi qu'il n'eut aucun soupçon : après tout, il avait récupéré le moindre sou de mes gains depuis plus d'un mois sans que je lui oppose une quelconque résistance.

Le lendemain matin, je pris un solide petit-déjeuner et je quittai la maison à l'heure habituelle, mais, au lieu de me diriger vers la forge, je poursuivis mon chemin jusqu'à la gare de Saint-James et, avec une livre et dix shillings de l'argent que j'avais reçu la veille, j'achetai un aller simple pour Londres. Le train de Paddington ne devant partir qu'en fin d'après-midi, il fallait que je m'occupe pendant le reste de la journée. Sachant que je n'étais pas en sécurité tant que je restais à Cheltenham, je passai les heures suivantes dans un état d'anxiété à arpenter la ville et à regarder les vitrines ou à m'asseoir sur un banc dans le parc pour observer les canards de l'étang.

Je voulais acheter des cigarettes. Je n'avais pas eu d'argent depuis des semaines pour m'en procurer, mais je pensais que le fait de fumer me donnerait l'air calme et détendu, comme quelqu'un qui savait ce qu'il faisait et avait parfaitement le droit de le faire, plutôt que le fugitif que j'étais en vérité.

Toutefois, il ne restait dans l'enveloppe que deux livres et je n'étais pas sûr de la manière dont les choses se présenteraient à mon arrivée à Londres ; alors, je n'osais pas les dépenser. En dépit de la confiance, née d'une grande naïveté, que j'allais trouver du travail dès que je descendrais du train, je ne savais pas combien de temps les deux livres devraient me durer.

L'après-midi, je retournai à la gare, cherchai le quai du train pour Londres et m'installai dans la salle d'attente presque vide en souhaitant être déjà parti. J'avais encore le déjeuner que j'avais emporté de la maison le matin, comme je le faisais tous les jours pour aller au travail, mais, comme je ne savais pas quand je pourrais me procurer quelque chose à manger, j'avais prévu de le garder aussi longtemps que possible. Soudain, le petit-déjeuner me paraissait bien lointain et je déballai mes sandwiches pour en manger un.

Alors qu'approchait l'heure où j'aurais dû normalement rentrer du travail, l'appréhension que j'avais ressentie toute la journée atteignit de nouveaux sommets. À la fin de la journée, d'autres personnes entrèrent dans la salle d'attente et je me dis qu'il valait mieux patienter à l'extérieur. Je m'étais pratiquement persuadé que je m'étais trompé de quai lorsqu'un bruit de craquement puissant suivi d'une voix nasillarde qui rebondissait contre la voûte du plafond annonça que le train pour Paddington arrivait sur mon quai.

Le train pour Londres entra dans la gare dans un brouillard de vapeur sifflante et de cliquètement de roues. J'étais dans un tel état de nervosité que, quand un homme me dévisagea en levant la main, je fus certain qu'il allait s'écrier : « C'est lui ! Le voilà ! C'est le garçon qui s'est enfui ! » La minute d'après, les portières des voitures s'ouvrirent bruyamment et je fus poussé dans un compartiment par les gens qui se trouvaient derrière moi. Je m'assis à côté de la fenêtre, dans le sens de la marche, tournai le dos à la vitre et courbai les épaules : il était encore temps que mon père se précipite à la gare à ma recherche.

J'entendis les trois jeunes femmes bien avant qu'elles ne franchissent la porte de mon compartiment. Sans cesser de rire et de bavarder, elles se jetèrent sur les sièges de l'autre côté et elles continuèrent à parler jusqu'à Londres, ce qui me réconforta parce que le fait qu'elles considèrent le trajet comme ordinaire et banal le rendait moins impressionnant. J'aurais quand même souhaité disposer d'un paquet de du Maurier.

Comme j'étais en train d'imaginer mon père et Flossie accourant à la gare, suivis par un commando de policiers qui agitaient des menottes au-dessus de leur tête, le chef de gare siffla le départ.

Après deux bruits d'explosion qui me firent l'effet de coups de fusil, les portes claquèrent sur toute la longueur du quai, un long sifflement de vapeur retentit, le métal frotta contre le métal et le train s'ébranla.

Tandis qu'il s'éloignait de la gare et commençait à prendre de la vitesse dans le soir tombant, je me mis à réfléchir à ce que je venais de faire. Je regrettais d'avoir quitté mon travail à la forge, notamment après un laps de temps si court. En partant si brusquement, j'avais l'impression d'avoir laissé tomber les gens qui m'avaient fait confiance et qui m'avaient donné un tel sentiment de fierté quant à mes compétences.

Mais je savais que, si j'étais resté, mon père aurait continué à me prendre tout l'argent que je gagnais, jusqu'à ce que je n'aie d'autre choix que de l'affronter d'une manière ou d'une autre. Il ne m'effrayait plus (enfin, plus autant), mais j'avais encore peur de commettre un acte qui m'attirerait des ennuis. Par conséquent, j'étais en fuite, une fois de plus. J'espérais simplement que, cette fois, je ne serais pas obligé de dormir dans une étable ou sous un fourré dans les bois.

À penser que j'étais encore en train de fuguer, je me demandai soudain si j'avais l'air d'un fugitif avec mes chaussures noires éraflées, mon pantalon trop court, gris et informe, et ma veste froissée qui était trop petite d'une taille et dont les manches n'atteignaient pas mes poignets. Je jetai un coup d'œil aux jeunes femmes. Comment me voyaient-elles ? Sans doute comme un écolier débraillé qui rentrait à la fin de la journée ou, plus probablement, elles ne m'avaient accordé aucune attention. En fait, elles semblaient avoir oublié qu'elles n'étaient pas seules dans le compartiment.

Plus le train m'éloignait de Cheltenham, plus je respirais facilement, sauf lorsque nous nous arrêtions dans d'autres gares. Alors, je me rencognais dans mon siège et je détournais le visage de la fenêtre. J'étais enthousiaste à l'idée d'aller à Londres, mais aussi inquiet. À un moment, je fermai les yeux dans l'espoir de prendre un peu de repos avant d'arriver, mais je les rouvris immédiatement parce qu'une foule de questions et de pensées se mirent aussitôt à tourbillonner dans ma tête. Quand j'étais petit, j'avais survécu à de nombreuses nuits en dormant dans le froid et la pluie et j'avais appris à m'adapter à toutes les nouvelles situations. Je me dis alors que, quoi qu'il arrive à Londres, cela ne pourrait être pire que tout ce que j'avais dû affronter.

Lorsque le train ralentit et que les champs cédèrent la place aux rangées de maisons de part et d'autre de la voie de chemin de fer, je baissai les yeux sur la montre que ma grand-mère et le Dr Margaret m'avaient offerte lors d'un Noël qui me paraissait appartenir à une autre vie. Il était près de neuf heures et demie.

Le train brinquebalait en changeant de voie à chaque aiguillage, et le son rythmait les mots que je ne cessais de me répéter en moi-même : pas de retour en arrière, cliquetis clac, pas de retour en arrière !

Les trois jeunes femmes se levèrent et prirent leur sac dans le porte-bagages pendant que je continuais à regarder par la fenêtre la pluie qui tombait dans la lumière des réverbères des rues et que je tentais d'avaler la boule qui s'était brusquement formée dans ma gorge. J'aurais aimé savoir que je disposais d'un endroit sûr et chaud où dormir ce soir-là, comme ces jeunes femmes. Mais je n'avais rien à gagner à m'apitoyer sur moi-même. J'avais pris une décision et je devais m'y tenir et en tirer le meilleur parti.

Lorsque le train s'arrêta à la gare de Paddington, les jeunes femmes me lancèrent un regard en souriant avant de quitter le compartiment pour rejoindre le flux de gens qui se pressaient sur le quai. Après leur départ, je demeurai encore assis là quelques instants, scrutant la fenêtre et souhaitant que quelqu'un vienne m'accueillir.

Je finis par me lever, inspirai profondément et descendis sur le quai. À cette époque de trains à vapeur, les volutes de fumée, le vacarme et les odeurs qui accompagnaient chaque arrivée et chaque départ transformaient les voyages en train en véritables aventures. Cependant, à cette occasion, toute mon excitation était noyée par une énorme appréhension. Avec ses hautes voûtes carrelées et ses arches en fer ouvragé, la gare elle-même était imposante et, avant même que j'aie posé un seul pied dans la ville, j'avais déjà le sentiment d'être minuscule dans un lieu immense.

Comme j'étais allé au cinéma avec ma classe pour voir le film *Vainqueur du ciel* qui raconte l'histoire du pilote de la RAF, héros de la Seconde Guerre mondiale, Douglas Bader, je pensais connaître Londres. Quelle erreur ! À cette époque, les films étaient en noir et blanc alors que, devant la gare, le monde m'apparaissait en Technicolor ! Il y avait des bus à impériale rouge vif, des taxis noirs, des voitures, des gens qui se hâtaient sur les trottoirs ou qui traversaient la circulation dense. Et le bruit. Il semblait que tout le monde, sauf moi, savait où il allait et ne voulait pas perdre de temps.

Je demeurai un moment à humer les odeurs de la capitale et à écouter sa musique avant de retourner vers la gare. En sortant, j'avais remarqué une petite boutique qui vendait des cigarettes et j'avais vraiment besoin de quelque chose pour me calmer les nerfs. N'osant dépenser le prix d'un paquet de du Maurier, j'achetai les moins chères, dix Woodbines sans filtre, et une boîte d'allumettes.

De nouveau debout devant la gare, j'ouvris le paquet, allumai une cigarette et en tirai une longue bouffée. L'accès de toux et, lorsque je repris ma respiration, la sensation de vertige, là, devant la gare de Paddington, quelques minutes après mon arrivée à Londres à l'aube d'une nouvelle vie, gâchèrent quelque peu mon projet de paraître sophistiqué et nonchalant, sans parler de ma fragile assurance qui fut encore plus ébranlée lorsque je faillis être heurté par un taxi noir lancé à toute vitesse au moment où je traversais la chaussée.

Je n'avais fait que quelques mètres au hasard lorsque j'aperçus au-dessus d'une haute maison jumelée un grand panneau ovale qui annonçait, en lettres rouges sur fond blanc : FORTY NINE HOTEL. Les lampes qui brillaient aux fenêtres du bâtiment rendaient le lieu chaleureux et attrayant. Il avait commencé à pleuvoir et, soudain, je me sentis fatigué et glacé. Je traversai la rue, m'arrêtai devant les marches de pierre qui conduisaient du trottoir à la porte d'entrée et me demandai si je faisais ce qu'il fallait. Il n'y avait qu'une manière de le découvrir et, après tout, je n'avais pas vraiment le choix : à cet instant précis, ma liste de possibilités commençait et s'achevait avec le Forty Nine Hotel.

Je redressai le dos et grimpai les marches pour tirer la sonnette.

La jeune femme qui m'ouvrit la porte était jolie et avait un sourire amical. Si je voulais ardemment donner l'impression d'être le genre de personne qui avait l'habitude de séjourner dans les hôtels, je ne pense pas que « confiant » et « rompu aux usages du monde » furent les mots qui lui vinrent spontanément à l'esprit lorsqu'elle me découvrit debout sur le seuil, mes épais cheveux bouclés dégouttant d'eau dans mon cou. Je sentis qu'elle devinait tout de moi, mais elle ne modifia pas son attitude. Elle se contenta de me demander poliment :

— Puis-je vous aider ?

— Je... Je cherche une chambre, répondis-je en me maudissant silencieusement de bafouiller comme un idiot. Je vais trouver du travail dès lundi, ajoutai-je rapidement.

— C'est merveilleux ! s'écria la jeune fille. Et vous

êtes au bon endroit – je veux dire, si vous cherchez une chambre.

Elle sourit à nouveau et ouvrit grand la porte, recula dans le hall vivement éclairé et ajouta :

— Vous feriez mieux de vous abriter de la pluie.

Elle était en train de refermer la porte derrière moi lorsqu'une autre femme, plus âgée, sortit d'une porte sur la droite.

— Nous avons un hôte, maman, dit la jeune fille. Il va trouver un emploi lundi et a besoin d'une chambre.

De toute évidence, elles avaient dû voir que je n'étais pas un client ordinaire, ne serait-ce que parce que je n'avais pas de bagages, mais elles n'auraient pu se montrer plus gentilles. J'eus une chance folle d'être tombé sur le seuil du Forty Nine Hotel de Norfolk Square, même si je ne découvris que beaucoup plus tard combien Londres pouvait être une ville dangereuse. J'étais totalement inconscient, alors.

— C'est trois livres et dix shillings par semaine pour la chambre et le petit-déjeuner, annonça la femme âgée.

Je tâtai ma poche pour récupérer l'enveloppe brune désormais détrempée et commençai à compter l'argent qu'il me restait.

— J'avais deux livres, expliquai-je à la femme, mais j'ai acheté des cigarettes et maintenant, je…

— Oh ! ne t'occupe pas de ça pour le moment, mon garçon, m'interrompit la mère en souriant. Cela peut attendre jusqu'à lundi, quand tu auras trouvé ce travail. Je suppose que tu as envie de te coucher. Rita va te montrer ta chambre.

Lorsque Rita me laissa dans la petite pièce du premier étage, je tirai les rideaux pour faire disparaître la nuit et la pluie si tristes, et je m'assis sur le lit. Je sentis alors le poids considérable de l'anxiété quitter mes épaules. Soudain, il semblait possible que tout s'arrange, après tout ; et c'est à ce moment que je réalisai que je n'y avais pas vraiment cru.

J'étais encore assis sur le lit en repassant dans ma tête les événements de la journée lorsqu'il y eut un coup à la porte. Aussitôt, ma satisfaction se mua en panique : on m'avait découvert ! Rita et sa mère avaient peut-être compris dès le départ que j'étais un fugitif et elles avaient seulement feint d'être amicales et pleines de sollicitude jusqu'à ce que je sois prisonnier de ma chambre pour qu'elles puissent appeler la police. Le cœur battant à tout rompre, j'ouvris la porte juste assez pour voir qui se tenait de l'autre côté.

— Nous avons pensé que vous auriez peut-être envie de manger et boire quelque chose, dit Rita de sa voix gaie et aimable.

Elle tendait une assiette de sandwiches et une tasse fumante. Je sentis que je rougissais d'embarras, mais c'était une bonne chose de rester méfiant. Depuis ma plus tendre enfance, je savais que je ne pouvais pas baisser totalement ma garde. Je voulais être sûr de savoir à qui je pouvais vraiment me fier. Je savais aussi que je n'aurais pas dû douter que la bonté des deux femmes était sincère. Avec l'estomac plein et un lit chaud et confortable, je passai une excellente nuit.

Le lendemain, lorsque je me réveillai à sept heures et demie, il me fallut quelques secondes pour me souvenir où je me trouvais. C'était la première fois que je m'éveillais un dimanche matin en sachant que je pouvais faire ce que je voulais. Quand je vivais dans les foyers, je devais aller tous les dimanches matin à l'église et, à Cheltenham avec mon père et Flossie, je restais dans ma chambre ou je sortais, n'importe où, uniquement pour ne pas être dans leurs jambes.

La nuit précédente, lorsque Rita m'avait conduit à ma chambre, elle avait ouvert la porte à gauche de la mienne pour me montrer la petite salle de bains que tous les hôtes du premier étage partageaient. Avant de me coucher, j'avais suspendu ma veste mouillée, ma chemise et mon pantalon pour les faire sécher. Je fis ma toilette et je les renfilai. Je pris ensuite la bible reliée de cuir rouge qui se trouvait dans le tiroir de la table de chevet, m'allongeai sur le dos et commençai à lire, uniquement pour avoir quelque chose à faire.

Il était pratiquement neuf heures et demie lorsqu'un petit coup retentit à la porte. Cette fois, je ne réagis pas en me disant que cela pouvait être la police. Effectivement, Rita et sa mère venaient voir si j'étais bien installé. Elles m'expliquèrent les règles de la maisonnée, mais, pour quelqu'un qui avait vécu avec Flossie et mon père ou dans des centres pour enfants pendant toute son existence, celles-ci n'avaient pas du tout l'air de règles. Elles me montrèrent ensuite comment faire fonctionner la radio et l'interphone fixé au mur au-dessus du lit.

— Nous utilisons l'interphone pour réveiller les hôtes qui doivent aller travailler, dit la mère de Rita. Ainsi, quand tu auras obtenu ce travail, tu n'auras pas à te soucier d'être en retard.

Son apparente confiance dans l'idée que j'allais trouver du travail dès le lendemain me fit l'effet d'un véritable stimulant, et mon moral remonta en flèche.

Les deux femmes venaient à peine de quitter ma chambre qu'un autre coup résonna. Cette fois, c'était une Jamaïcaine qui venait voir qui s'était installé dans la chambre voisine de celle qu'elle partageait avec son mari.

Elle revint un peu plus tard pour m'inviter à déjeuner avec eux, un repas qui était aussi bon que le laissaient présager les effluves embaumant sous ma porte. Le mari de cette femme était aussi gentil et amical qu'elle, de même que les autres clients de l'hôtel qui vinrent tour à tour frapper à ma porte pour faire la connaissance du « nouveau ».

Ce soir-là, lorsque je me couchai, j'avais l'impression d'avoir fait un grand saut depuis une haute falaise et, contre toute attente, d'avoir atterri en douceur et sain et sauf sur mes deux pieds. J'étais impatient de voir ce que le jour suivant me réservait.

Le lundi matin, à sept heures et demie, je fus réveillé par une voix dans l'interphone. Dès que je fus lavé et habillé, je descendis à la salle à manger, où Rita et sa mère étaient déjà en train de servir le petit-déjeuner. Un peu plus tard, avant de partir, je me fis la promesse solennelle de ne pas revenir avant d'avoir trouvé un emploi.

Je descendis Praed Street et tournai dans Edgware Road lorsque j'aperçus une note sur une vitrine qui disait *Cherche vendeur*. C'était une boutique d'appareils radio et de téléviseurs, mais il était encore trop tôt pour qu'elle soit ouverte. En revanche, c'était l'heure de pointe et, comme je poursuivais mon chemin en scrutant toutes les vitrines pour d'autres offres d'emploi, les gens se pressaient dans toutes les directions, à pied ou dans divers véhicules, pour se rendre à leur travail.

À neuf heures tapantes, je retournai au 207, Edgware Road, poussai la porte de la boutique et annonçai à l'homme qui se tenait derrière le comptoir que je cherchais du travail. Quelques questions et réponses plus tard (et deux ou trois des dernières utilement ambiguës), j'étais le nouveau vendeur de la Premier Radio Company avec un salaire de cinq livres par semaine. Je devais travailler tous les jours du lundi au vendredi et uniquement le samedi matin. Je commençai le lendemain.

En dépit du fait que j'indiquai à mon nouveau patron que ma carte de Sécurité sociale me serait envoyée depuis Cheltenham et que je la lui remettrais dès réception, je n'avais aucune idée de ce dont il s'agissait. De toute façon, j'étais sûr de ne pas en posséder. Mais j'avais besoin de ce travail et je me pris à espérer que l'incroyable chance que j'avais eue depuis mon arrivée à Londres continuerait et que le problème se résoudrait tout seul.

Je retournai jusqu'à l'hôtel pratiquement en courant pour annoncer la bonne nouvelle à Rita et à sa mère (entre-temps, j'avais appris que celle-ci s'appelait Mme Hardy). C'était vraiment agréable de savoir que je pouvais partager ça avec quelqu'un, d'autant qu'elles semblèrent aussi ravies que moi.

J'étais impatient d'être au lendemain afin de commencer à travailler. Je ressortis de l'hôtel à l'heure du déjeuner pour aller acheter du poisson et des frites dans un cornet de papier journal, que je mangeai assis sur un banc de Norfolk Square. Ensuite, j'errai dans les rues, avide d'assimiler tout ce que je voyais, et laissant pour une fois mon excitation se relâcher. Je savais que ma vie était sur le point de commencer.

J'aimais profondément travailler au magasin. Mon travail consistait surtout à emballer les pièces des téléviseurs, mais c'était plutôt intéressant dans la mesure où j'apprenais le fonctionnement des appareils. Ce qui me fascinait, c'étaient les postes à galène. Outre les postes à galène prêts à l'emploi, nous vendions également des modèles en kit, et j'appris à assembler les pièces et à les tester. Au lieu de fonctionner avec une alimentation électrique ou des piles, comme les postes radio ordinaires, les postes à galène étaient des récepteurs passifs des ondes radio qu'ils captaient par l'intermédiaire d'une longue antenne. Ils devaient leur nom au détecteur, la galène, un composé cristallisé de sulfure de plomb, qui entre en contact avec une bobine de fil de cuivre que l'on actionne en tournant le bouton du tableau du dispositif. Comme le signal radio demeurait faible, il fallait utiliser un casque, ce qui ajoutait à la sensation de faire quelque chose de scientifique et d'amusant.

Il me suffit de quelques jours pour me trouver dans un état de contentement inespéré : j'étais heureux de travailler et heureux de vivre à l'hôtel. Après avoir réglé à Mme Hardy le montant de ma chambre pour la première semaine, il me restait une livre et dix shillings pour moi, ce qui, à l'époque, était une somme non négligeable. Je m'achetai des vêtements et allai chez le barbier, mais je veillai aussi à épargner pour payer mon dîner tous les soirs (l'hôtel ne fournissait que le petit-déjeuner).

En général, je mangeais du poisson et des frites ou un pâté de viande avec de la sauce que j'emportais dans ma chambre ou, lorsque le temps le permettait, dans le jardin du square. Il arrivait aussi que mes voisins jamaïcains m'invitent pour dîner, et je me fis des amis, au travail et ailleurs, dont certains m'emmenaient visiter les lieux touristiques de Londres.

Je disposais d'un emploi sûr et agréable, et d'un logis confortable, à quelques pas de la boutique. J'étais très fier de moi et heureux d'avoir découvert que, après tout, le monde pouvait être un endroit agréable.

Je pense que ce fut cette fierté d'avoir accompli tellement de choses en l'espace de quelques semaines, après avoir débarqué à Londres avec deux livres en poche, un demi-sandwich et les vêtements que je portais, qui me donna envie de partager les nouvelles avec quelqu'un, mais je ne voyais pas du tout avec qui. Brusquement, je me souvins d'Eileen, la sœur de mon père, et de sa gentillesse lors de sa visite au foyer.

J'avais perdu le morceau de papier qu'elle m'avait donné, mais je me souvenais qu'elle habitait à Richmond, dans le Surrey, et, au bout de quelques recherches, je finis par me souvenir du nom de sa rue. Un jour, j'entrai dans une cabine téléphonique, cherchai son nom dans l'annuaire et composai son numéro.

De toute évidence, ma tante fut surprise de m'entendre. Elle m'écouta lui raconter ma vie à Londres et ma réussite, et je fus ravi qu'elle me pose des questions sur mon travail et sur l'hôtel où je vivais. À la fin du coup de téléphone, elle me souhaita bonne chance et, lorsque je reposai le combiné, j'étais content de l'avoir appelée.

Outre le fait que je voulais partager les nouvelles avec quelqu'un, je voulais aussi faire savoir à ma famille que j'avais réussi et que je n'étais pas un imbécile, après tout. Ma tante Eileen était la seule que je croyais intéressée, et elle avait paru sincèrement heureuse pour moi. Je pensais qu'elle était la seule personne en laquelle je pouvais avoir confiance.

12

Quelques heures après mon coup de téléphone à ma tante, j'étais assis à l'arrière d'une voiture de police, en route vers le commissariat de police le plus proche.

Lorsque deux agents de police se présentèrent à la boutique de radio, je fus anéanti. Je me sentis trahi par ma tante et j'éprouvais un sentiment de déception si puissant que la douleur en était presque physique. J'ignore ce qui s'était passé après mon départ de Cheltenham. Je ne crois pas y avoir accordé beaucoup de réflexion une fois que le train s'était mis en branle. J'avais eu peur que mon père ne vienne me chercher à la gare s'il découvrait que je n'étais pas allé au travail ce jour-là, mais, une fois que je fus dans le train pour Londres, je crus avoir réussi mon évasion et pas une seule fois il ne me vint à l'esprit qu'ils pouvaient signaler ma disparition. Je croyais que mon père et Flossie seraient aussi heureux d'être débarrassés de moi que je l'étais de m'éloigner d'eux.

Je crois que je n'avais aucune notion de la toile complexe qui se déploie autour d'un enfant une fois qu'il passe sous la responsabilité de la « nation », ou du fait que les services sociaux se sentaient obligés de surveiller mes allées et venues jusqu'à ce que je sois majeur et légalement indépendant. C'est ainsi que je ne compris pas que, bien qu'il en ait eu envie, mon père ne pouvait se permettre de hausser les épaules, de penser « Bon débarras » et de fermer la porte derrière moi. Alors, il avait signalé ma disparition, ne serait-ce que pour couvrir ses arrières.

Dès qu'elle eut reposé le combiné après notre conversation, ma tante composa immédiatement le numéro de mon frère. Ses questions et sa curiosité en ce qui concernait mon travail et mon logement n'avaient eu pour objectif que de savoir où j'étais afin qu'elle puisse communiquer ces informations à mon frère qui les transmit aussitôt à la police.

Lorsqu'on vint me trouver au travail, on m'emmena si vite que je n'eus pas le temps de dire au revoir à Rita et sa mère ou aux amis que je m'étais faits parmi les hôtes de l'hôtel. Pendant mon séjour à Londres, j'avais commencé à faire confiance aux autres, mais il suffit du coup de fil de ma tante pour que je referme toutes mes portes.

J'étais également furieux contre mon frère parce qu'il savait ce que mon enfance avait été et qu'il avait été témoin des nombreuses manifestations de violence de mon père et de Flossie. Pourquoi n'était-il pas venu me trouver lui-même ? Juste pour vérifier avant toute chose comment je me débrouillais et peut-être évaluer *fraternellement* si le fait d'être ramené à Cheltenham était réellement la meilleure chose pour moi.

D'ailleurs, lorsque la police vint me chercher ce jour-là, je ne fus pas ramené chez moi, à Cheltenham. On m'interrogea au poste de police, et je confiai que mon père gardait tout l'argent que je gagnais à la forge et j'insistai sur le fait que, si on me ramenait à la « maison », je m'enfuirais de nouveau et je continuerais à fuguer jusqu'à ce que je sois suffisamment âgé pour ne plus avoir besoin de tuteur.

Peut-être qu'on leur avait déjà raconté mon histoire ou, tout simplement, qu'ils crurent ce que je disais. Du reste, ils pouvaient constater de visu que j'étais propre, bien habillé et correctement nourri, et que j'avais pris soin de moi au cours des dernières semaines. Quelle qu'en soit la raison, au lieu de me renvoyer vivre avec mon père et Flossie, je fus confié à un foyer pour enfants de Leicester pendant que les autorités responsables débattaient de mon cas. J'avais le cœur brisé à l'idée de quitter Londres, mais j'étais habitué à me déplacer et je savais, une fois de plus, que je n'avais aucune autre solution.

Je demeurai dans le foyer de Leicester pendant un mois environ. Étrangement, je me souviens en détail de l'occupation qui me fut attribuée : il s'agissait de travailler dans une fabrique de vêtements du nom de Hart & Levy pour coudre des vestes. Chaque veste était accompagnée d'une fiche d'identification en papier qui devait indiquer que vous aviez effectué votre part du processus (dans mon cas, il s'agissait de repasser l'intérieur des épaules avec un gros fer) et vous deviez arracher un ticket sur la feuille. À la fin de la journée, on comptait vos tickets et on ajoutait votre argent à votre salaire de la semaine. Nous étions bien payés : chaque ticket valait un shilling et neuf pence et je gagnais quelque chose comme huit livres par semaine. Mais je n'étais pas à Londres et je ne rentrais pas le soir au Forty Nine Hotel.

En dépit de tout ce qui m'est arrivé, j'ai toujours été optimiste de nature. Parfois, on rencontre un nuage qui n'a pas du tout l'air de précéder l'arrivée du soleil. Mon séjour à Londres me donnait l'impression que l'on me montrait quelque chose que j'avais toujours voulu et qui s'était avéré encore mieux que je ne l'avais imaginé et, au moment où je tendais la main pour le prendre, quelqu'un me l'enlevait en disant : « Désolé, nous nous sommes trompés. Ce n'est pas pour toi, cela appartient à quelqu'un d'autre. *Voici* ce que tu mérites. » Et, lorsqu'une porte s'ouvrait sur une chose dont personne n'aurait jamais voulu, je pensais : « Bien sûr, j'aurais dû le savoir. »

Au bout d'un mois, les gens responsables de mon bien-être avaient pris leur décision. On m'accompagna à la gare, et le train m'emporta de Leicester à Bristol, où une voiture me conduisit jusqu'à l'école navale nationale, près de Portishead.

Fondée en 1869 à bord du navire-école *Formidable*, qui était loué au gouvernement par un groupe d'hommes d'affaires de Bristol et mouillait à quelque quatre cents mètres de la jetée, l'école avait été initialement créée dans le but de détourner les jeunes délinquants des rues de Bristol pour les former à devenir des marins.

En 1906, lorsque l'embarcation fut endommagée par de fortes tempêtes, trois cent cinquante orphelins et jeunes qui avaient été condamnés par la justice furent installés dans un énorme bâtiment neuf qui dominait le canal de Bristol. Ce fut là que l'on m'emmena.

J'avais quinze ans et je devais demeurer à l'école navale pendant au moins deux ans.

À l'école, la discipline était stricte et toute la routine s'appuyait sur les principes de la marine royale. Elle n'accueillait plus que cent cinquante garçons qui venaient de tout le pays et de toutes sortes de familles. Certains ne savaient ni lire ni écrire, d'autres avaient fait partie de gangs de rue et possédaient quelques talents outre la bagarre et le maniement des couteaux. Certains, comme moi, étaient éloignés de leur famille. Enfin, certains étaient tout simplement de mauvais garçons.

Comme les marins, nous portions le béret avec un ruban sur le bord ; notre pantalon à pont devait arborer, comme il se doit, sept plis impeccables, et nous étions responsables de notre paquetage depuis notre couchette jusqu'à notre clairon. Tous les cadets devaient apprendre à en jouer et nous sonnions le réveil tour à tour au lever du soleil, l'appel du soir au couchant et la sonnerie des couleurs lors des cérémonies. Et malheur à celui qui faisait une fausse note ! Nous devions également être capables de grimper jusqu'en haut du nid-de-pie, à vingt mètres du sol, sur le mât du navire qui trônait juste devant l'immeuble de l'école, face au canal de Bristol.

Sauf pour un formateur civil et la cuisinière, tous les membres du personnel de l'école sortaient des rangs de la marine. Le grand patron était le capitaine Campbell, qui faisait régner l'ordre dans la bande plus que disparate de garçons placés sous sa charge en appliquant une discipline extrêmement rigide. Ensuite, il y avait deux commandants qui nous enseignaient la navigation et deux autres officiers qui nous donnaient des cours de sport et de matières scolaires ordinaires. Outre qu'ils étaient stricts et exigeants, les professeurs étaient justes ; ils devaient également être plutôt coriaces quand on pense qu'ils n'étaient que six officiers pour superviser plus de cent cinquante garçons qui, notamment les nouveaux, étaient généralement à la dérive, indisciplinés, voire violents.

Il y avait trois divisions, Anson, Benbow et Hood, qui portaient le nom de navires et comptaient chacune cinquante-deux garçons dont la conduite était sous la responsabilité des garçons désignés comme superviseurs. Comme c'est toujours le cas, ce qui se passait dans chaque division dépendait de la personnalité du garçon désigné. Je fus affecté à la division Benbow et je dus d'emblée affronter le premier obstacle initiatique. Il ne me fallut pas longtemps pour comprendre qu'il y avait, en fait, quatre garçons qui contrôlaient ce qui se passait dans ma division, désagréables tous autant qu'ils étaient, bagarreurs, de vrais tyrans qui s'étaient donné pour mission d'imaginer les corvées les plus pénibles.

On me tint donc depuis une fenêtre du troisième étage dans une alèse. Il aurait fallu être fou ou sans aucune imagination pour ne pas être terrorisé, mais j'avais depuis longtemps perfectionné l'art de ne pas révéler ma peur et, au bout de dix minutes, ils me ramenèrent dans la chambre. Comme j'avais passé le test, je crus que le rite était terminé. Hélas, les brutes n'étaient pas si facilement satisfaites, et ma deuxième épreuve consista à me battre contre un autre garçon. Ce qui s'acheva très vite dans la mesure où j'étais fermement décidé à ne montrer aucun signe de faiblesse et parce que le pauvre gars n'était pas du genre bagarreur. Je fus donc récompensé par mon intégration dans le gang des tyrans.

Honneur douteux s'il en était, mais j'avais appris au cours de mes séjours dans les foyers qu'il valait toujours mieux être du côté des gagnants, d'autant que je savais que nous allions tous rester là assez longtemps pour que je puisse remettre les pendules à l'heure.

Mes premiers mois à l'école navale furent très difficiles. Peu à peu, je finis cependant par m'accoutumer et je découvris que la régularité de la vie ainsi que la discipline et le fait que j'apprenais quelque chose de nouveau tous les jours me convenaient tout à fait. J'appris énormément à propos de la navigation (et je me souviens encore du nom de tous les pays d'Amérique du Sud !).

Nous avions pour tâche de vérifier l'état des canots de sauvetage des pétroliers et des vieux transporteurs de charbon qui s'ancraient à Avonmouth, à l'embouchure du fleuve du même nom.

Le problème était que les embarcations n'étaient jamais utilisées d'une année sur l'autre, ce qui signifiait que le bois séchait et que, dès que nous commencions à ramer, nous nous retrouvions avec de l'eau jusqu'à la taille et pouvant à peine manier les rames. C'était cependant amusant et, bientôt, je décidai que, à mon départ de l'école, je rejoindrais la marine marchande.

Je ne pardonnerai jamais à ma tante Eileen ou à mon frère d'avoir envoyé la police à mes trousses lorsque j'étais à Londres, mais, s'ils ne l'avaient pas fait, je ne serais jamais allé à Portishead et je n'aurais jamais appris tout ce que j'ai appris là-bas.

Au bout d'un an, je devins superviseur de la division Benbow et j'étais immensément fier de l'insigne en forme d'ancre dorée qui vint s'ajouter sur le bras gauche de mon uniforme. La plupart des tyrans qui s'étaient chargés de mon initiation dans la division étaient déjà partis ; ils avaient rendu la vie extrêmement difficile à de nombreux garçons, y compris la mienne de temps en temps, et j'étais bien décidé à ne pas les imiter. C'est peut-être parce que les autres en avaient assez d'être intimidés et oppressés qu'ils réagirent si bien lorsque je faisais appel à leur intelligence plutôt que de les menacer et les tyranniser, et les choses se mirent à changer.

Un jour, le capitaine m'envoya chercher. Lorsque je m'approchai et que je le saluai diligemment, il était debout sur l'esplanade et regardait vers la mer.

— J'observais le bateau sur lequel tu vas partir, déclara le capitaine. Le *SS Hadriana*. C'est un navire à passagers.

Je suivis la direction qu'il indiquait et découvris ce qui me paraissait être un très vieux rafiot qui réclamait des travaux importants avant de pouvoir prendre la mer, mais c'était le meilleur bâtiment que j'aie jamais vu.

De tous les centres dans lesquels j'ai vécu au cours de mon enfance, l'école nautique fut celle que je fus le plus triste de quitter tout en sachant que je serais enfin libéré de mon père, de ma belle-mère et des autorités de tutelle qui m'avaient pris sous leur aile. J'étais également impatient parce qu'une nouvelle porte, différente, venait de s'ouvrir et m'offrait une vue de mon avenir qui paraissait bien meilleure que tout ce que j'aurais pu imaginer.

Les bateaux ne restent généralement à quai qu'un ou deux jours et, le lendemain matin, après avoir salué mes camarades et les adultes qui m'avaient conduit, parfois en hurlant et en me débattant, de mon enfance à devenir un homme, je fus emmené sur la jetée d'Avonmouth. Avant d'embarquer, je dus subir un examen oculaire et me faire prendre en photo pour ma carte d'identité de la marine marchande. Plus tard, lorsque je montai sur la passerelle du *SS Hadriana* avec une valise pleine de vêtements résistants et de qualité qui devaient me tenir chaud pendant les mois suivants, les papillons se remirent à s'agiter dans mon ventre. Mais, cette fois, j'étais enthousiaste et je n'avais pas du tout peur.

Je fus assigné au poste de mousse du *Hadriana*, le grade le plus bas du navire, mais j'aurais volontiers accepté le poste d'assistant-mousse s'il avait existé. On me donna une couchette dans la minuscule cabine que je partagerais avec quatre autres marins. Lorsque j'allai ranger mes bagages, un marin qui quittait le bateau indiqua une guitare sur l'une des couchettes en disant :

— Je n'en ai plus besoin. Elle est à toi.

Le travail en bas de l'échelle sur un bateau n'est pas de tout repos, mais, en mer, on passe des heures à ne rien faire et j'appris à jouer des airs sur cette guitare que je gardai pendant des années.

Ce soir-là, lorsque nous mîmes les voiles, je me tins sur la poupe pour contempler les marins qui se préparaient à larguer les amarres en écoutant le moteur cahoter avant de se lancer. Puis, je fus malade à crever.

— Ravale, mon gars ! m'interpella un marin de l'autre côté du pont. On ne sait jamais, tu pourrais récupérer de l'or !

Il éclata de rire en me donnant une grande claque dans le dos quand il passa derrière moi alors que je vidais tout le contenu de mon estomac sur le bastingage. Pendant plusieurs minutes, j'eus la sensation que j'allais mourir, mais je ne ressentis plus jamais cela, même dans les mers les plus déchaînées.

Lorsque j'eus le ventre vide, je me penchai sur le bord de la poupe pour regarder les lueurs de la côte s'éloigner alors que nous quittions le littoral. J'avais tout oublié à propos de mon père et de Flossie, et de tout ce qui s'était passé pendant mon enfance. Je n'étais plus le fils ou le frère de personne, voire une charge pénible : j'étais Peter Kilby, dix-sept ans, marin avide d'aventures et en route pour la Jamaïque. Au commencement d'une toute nouvelle vie.

Après la Jamaïque, ce fut Trinidad et, de là, je montai sur un autre bateau, un pétrolier cette fois, qui filait sur la Hollande. De là, je m'embarquai pour Bombay par la baie du Bengale en remontant la rivière Hooghly jusqu'au port de Calcutta, à travers les océans Indien et Atlantique Sud par le canal de Panama jusqu'en Amérique du Sud et tout autour du monde et de la plupart de ses sept océans.

À mesure que j'acquérais de l'expérience, je fus promu et je perdis rapidement le compte des pays que j'avais visités. Je vis des choses que je n'aurais jamais imaginées, comme des requins et des mantes géantes dans l'océan Indien, les aurores boréales depuis un bateau qui remontait le Saint-Laurent jusqu'à la ville de Québec, et des événements terribles. En Inde, on croisait des enfants avec des membres tordus, inutiles, qui fourmillaient sur les quais et quémandaient de l'argent avec une voix clamant un désespoir qui me brisa le cœur. De les voir là, sales, émaciés, handicapés et en manque total de soins me fit comprendre comment la vie d'un enfant peut être lorsqu'il n'y a pas de véritable structure, quelque imparfaite qu'elle soit, pour les rattraper lorsqu'ils tombent. Les dégâts qui m'avaient été infligés quand j'étais enfant étaient essentiellement psychologiques et, en comparaison, j'avais eu de la chance.

Je demeurai sur un vieux tanker appartenant à Eagle Oil pendant près d'une année. C'était un navire de commerce à la demande, ce qui signifiait que le capitaine recevait sa feuille de route à l'arrivée dans chaque port et que le bateau pouvait ne pas revenir à son port d'attache pendant des années, au cours desquelles il transportait du pétrole d'un pays à l'autre.

J'avais écumé les mers pendant deux années environ lorsque je revins en Angleterre, plus sage et plus riche que lorsque j'étais parti. Comme je n'avais pas de foyer où retourner, j'allai dans les Cotswolds, la seule région que je connaissais vraiment. Un jour, alors que j'étais en train de faire des courses dans un bourg, je tombai sur l'une de mes sœurs. Je fus surpris de voir qu'elle me reconnaissait : la dernière fois qu'elle m'avait vu, j'étais un petit garçon fluet et pâle alors que, à présent, j'étais un jeune homme fort et à la peau tannée par le soleil. C'est peut-être la touffe de cheveux ébouriffés qui lui avait permis de me reconnaître.

Ma sœur m'invita chez elle pour que je fasse la connaissance de son mari et, alors que j'étais là, elle parvint à me soutirer un peu d'argent pour payer la clôture qu'elle voulait installer autour de leur jardin. Après leur avoir raconté une partie de mes aventures en mer, ma sœur déclara :

— Je suppose que la marine marchande est très bien, mais tu devrais t'engager dans l'armée. Dans l'armée, tu pourrais avoir une vraie carrière.

La manière dont elle en parlait paraissait vraiment attrayante et, en l'espace d'une semaine, j'avais signé pour une vie en mer.

Je fis mes classes de douze semaines à Oswestry dans le Shropshire avant d'aller à Aldershot pour prolonger ma formation comme parachutiste. C'était dur, mais agréable, et, comme j'avais passé beaucoup de temps dans mon enfance en solitaire, j'appréciais vraiment la camaraderie qui régnait entre les soldats.

Toutefois, au bout de dix-huit mois, je changeai d'avis par rapport aux parachutistes, une décision qui me valut vingt-huit jours dans la « maison de verre », prison de l'armée dans les baraquements de Colchester. Lorsque j'eus servi mon temps de détention, je fus affecté à l'unité d'artillerie de Colchester en attendant ma décharge qui mit six mois à me parvenir.

Après avoir quitté l'armée, je retournai dans les Cotswolds, louai un petit appartement dans un bourg et, après une courte formation, je décrochai un poste de moniteur dans l'auto-école *British School of Motoring* de Gloucester. J'aimais mon travail, mais cela ne dura guère avant que je commence à souffrir de ce que, chez les marins, nous appelions le « canal ». Les marins attrapent le « canal » lorsqu'ils approchent de leur port d'attache (par la Manche) et deviennent agités et incapables de se concentrer sur quoi que ce soit parce qu'ils sont impatients de voir leur famille et leurs amis. Pour moi, cela signifiait simplement que je ne pouvais plus rester en place et qu'il fallait que je passe à autre chose.

Je quittai mon appartement pour prendre une chambre à Cheltenham. C'est alors que quelqu'un me parla d'une entreprise du nom de Sismograh Service Limited, qui venait de s'installer dans le village voisin de Bishop's Cleave et qui embauchait des chauffeurs pour ses camions-citernes et ses Land Rover. Le lendemain, je pris le bus pour Bishop's Cleave et dénichai les bureaux provisoires de la compagnie dans la cour d'une gare désaffectée.

La cour était envahie par les Land Rover, les camions-citernes et les camions Thames Trader de Ford, tous autant de véhicules de conduite à gauche ornés sur la portière du logo dont le globe représentait le monde surmonté des lettres « SSL ». Il y avait aussi une caravane qui servait de bureau pour l'embauche. À l'intérieur, un homme assis à une table de travail discutait avec deux autres hommes et, lorsque je poussai la porte, ils se retournèrent tous les trois vers moi.

J'ignore qui fut le plus surpris, moi ou le plus jeune de mes deux demi-frères que je n'avais pas revu depuis mon enfance. Pendant un moment, tout ce qui me vint en tête fut le nombre de fois où il m'avait offert de choisir entre « le foot ou un coup de poing ». De toute évidence, il était aussi stupéfait que moi, mais il se reprit bien plus vite et m'accueillit comme un ami perdu de longue date.

— Bon sang, Peter ! Qu'est-ce que tu fiches là ? Entre donc.

Il marcha vers moi en souriant de toutes ses dents, la main tendue, et je me retrouvai à lui rendre son sourire et sa poignée de main. Quelques minutes plus tard, nous étions assis dans un coin de la caravane avec une tasse de café, à évoquer les souvenirs de notre enfance, ou du moins les rares aspects neutres qu'il était plus sûr d'aborder.

Je racontai à mon demi-frère ma vie dans la marine marchande et dans l'armée, et il me parla de son emploi chez SSL. Il était mécanicien et s'occupait de toute la flotte de véhicules. Lorsque j'eus terminé mon café, j'étais embauché comme chauffeur.

D'abord, j'appris à conduire les véhicules ainsi que les tracteurs Fordson Major et Massey Ferguson, qui transportaient l'eau nécessaire pour refroidir la mèche de forage pendant les travaux. C'était un emploi qui exigeait beaucoup d'efforts, et nous travaillions pendant des heures, de l'aube à la tombée de la nuit, mais, la plupart du temps, c'était plutôt agréable.

La compagnie cherchait du pétrole dans la campagne du Gloucestershire, avec un dispositif qui consistait à faire des forages d'une bonne soixantaine de mètres dans de nombreux sites avant de déposer de la dynamite au fond du puits pour la faire exploser par des fils électriques reliés à des têtes électroniques.

On plaçait alors trois petites prises rondes sur le sol autour de chaque puits, que l'on reliait par une longueur de câble électrique fin. Lorsqu'on déclenchait les explosifs, depuis une Land Rover garée à bonne distance, on enregistrait une lecture sismique de l'explosion pour l'analyser ensuite et tâcher d'y déceler la présence de pétrole ou de gaz dans la zone. C'était un aspect des activités de SSL qui me fascinait.

Les camions-citernes que je conduisais pouvaient contenir quelques milliers de litres d'eau mélangée avec une poudre brune pour obtenir une sorte de boue que l'on faisait passer dans un conteneur en fer avant d'alimenter le système de refroidissement de la mèche et d'évacuer les déblais de cailloux et de calcaire du fond du puits au fur et à mesure.

Les fermiers dont nous prospections les terres étaient bien payés, mais je me suis parfois demandé s'ils regrettaient d'avoir accepté l'argent lorsqu'ils contemplaient leurs champs sous la pluie et ne voyaient plus qu'une immense étendue de boue saccagée par les traces de roues des tracteurs qui ne cessaient d'aller et venir.

L'entreprise se servait d'énormes machines agricoles International Harvester, à quatorze roues, dont chacune possédait une plate-forme télescopique et seize vitesses qui lui permettaient de grimper les pentes les plus abruptes et rouler sur un terrain accidenté. Le boulot du géomètre consistait à indiquer aux ouvriers foreurs où creuser et, lorsqu'ils avaient choisi un site, ils installaient un ruban rouge sur la branche d'un arbre ou sur un piquet planté dans le sol. Le chauffeur du véhicule devait s'approcher le plus près de la balise avant d'élever la plate-forme de la foreuse pour que les deux ou trois hommes qui l'accompagnaient préparent le travail. C'était un processus complexe qui nécessitait des machines et des véhicules sophistiqués, et nous traversions la campagne comme de gigantesques robots lents d'un film futuriste. C'était également un travail dangereux.

Un jour, alors que nous étions sur une petite route entre les villages de Guiting Power et de Broadway, un géomètre avait noué un ruban rouge autour d'un piquet métallique qu'il avait enfoncé dans le sol sans s'apercevoir que l'endroit qu'il marquait était situé directement sous des câbles à haute tension traversant la chaussée. Plus tard dans la matinée, le chauffeur de la plate-forme s'arrêta directement sur la cible et commença à monter la foreuse télescopique.

Lorsque la mèche entra en contact avec les câbles, une énorme vague de courant électrique déferla dans la partie métallique, et le véhicule fut immédiatement submergé par les flammes, tuant les trois occupants. Tout fut fini en l'espace de quelques secondes, et nous ne pûmes rien faire pour venir en aide à ces pauvres hommes. C'était simplement l'un des accidents malheureux, et heureusement rares, qui demeurèrent dans la mémoire de tous ceux qui y assistèrent comme dans mon cas.

Heureusement, tous les incidents ne furent pas aussi dramatiques. Un chaud dimanche, nous étions en train de creuser sur un talus herbeux de la grand-route du village de Prestbury, à trois kilomètres environ de Cheltenham. Nous avions terminé de forer (dans ce cas, il s'agissait d'argile bleue) et nous avions déjà descendu la dynamite et déplacé la plate-forme de la foreuse sur le site suivant, à environ une centaine de mètres de là. Alors que tout était en place et que nous avions vérifié toutes les sécurités, nous appuyâmes sur le bouton de détonation. Ce que nous ignorions, c'est que nous étions tombés sur un puits artésien et que, lorsque la dynamite explosa, le puits se remplit aussitôt d'eau bleue dense, et la pression augmenta, ce qui fit jaillir l'eau comme un geyser de plus de trente mètres de hauteur. Une scène spectaculaire !

En fait, il n'était pas rare que nous tombions sur des puits artésiens, et nous avions une procédure dans ce cas.

Fondamentalement, il s'agissait d'arrêter la circulation dans toute la zone jusqu'à ce que l'eau s'épuise et que nous puissions continuer en toute sécurité.

À cette occasion, toutefois, personne n'avait deviné la présence du puits et, lorsque l'eau jaillit comme une fusée, il était trop tard pour arrêter le jeune homme qui passait en mobylette sur la route et qui était vêtu comme un pape pour aller rendre visite à sa petite amie.

Lorsque le déluge s'abattit sur lui, il devint aussitôt tout bleu, depuis la raie parfaite de ses cheveux jusqu'au bout de ses chaussures cirées. Il avait cependant beaucoup de chance de ne pas avoir été éjecté de son engin, même si je pense que le mot « chance » n'est pas celui qui lui vint à l'esprit à cet instant.

Même si nous étions désolés pour le pauvre gars, nous ne pûmes nous empêcher de mourir de rire lorsque nous le vîmes debout sur le côté de la route, perplexe et trempé jusqu'aux os, comme si on l'avait plongé dans une cuve d'indigo. Lorsque nous arrivâmes à cesser de rire, nous fîmes de notre mieux pour le nettoyer, même s'il demeurait encore très bleu. Le contremaître lui fit un chèque généreux pour remplacer le moindre effet qu'il portait. Le chèque dans la main, le jeune homme parut soudain trouver le côté comique de ce qui lui était arrivé, et il esquissa même un sourire lorsque l'un des chauffeurs lui annonça, entre des éclats de rire, que l'argent qu'on lui avait donné lui permettrait de manière insolite d'être à la fois heureux et… bleu !

Outre l'argent qu'elle versait aux fermiers pour forer sur leurs terres, ou aux jeunes hommes bleus sur leur mobylette à nettoyer, l'entreprise devait parfois verser des sommes plus substantielles pour régler d'autres problèmes. L'un de ces exemples survint lorsque nous étions en train de travailler dans le coin du village de Guiting Power.

Nous pratiquions des forages le long d'une voie de chemin de fer qui comptait l'une les innombrables voies désaffectées dans les années 1960 à la suite de la restructuration et de la restructuration du réseau de voies ferrées lancée par le Dr Richard Beeching, président des chemins de fer britanniques nationalisés.

Sage qu'il était, notre contremaître nous avait demandé de forer tous les puits nécessaires et de les faire exploser en même temps. Nous avions donc percé six puits à des intervalles de cent mètres environ les uns des autres ; lorsque nous actionnâmes les charges, ce fut comme si toute l'opération était sortie d'un film des Keystone Cops, le sommet du burlesque et de la tarte à la crème des films policiers. Tandis que les vagues de choc se propageaient depuis les puits, toutes les serres qui trônaient au fond de tous les jardins bordant la voie ferrée s'écroulèrent comme un château de cartes.

Après l'explosion et le bruit de verre cassé, il régna pendant quelques secondes un silence total. Soudain, une femme sortit de sa maison en hurlant, un couteau à découper à la main. Outre sa serre, les ondes de choc avaient détruit sa précieuse collection tout entière de vaisselle commémorative et décorative installée sur le vaisselier gallois de sa cuisine pendant qu'elle découpait le rôti du dimanche avec le couteau qu'elle brandissait.

Tout s'était retrouvé au sol. Lorsque la compagnie eut accepté de rembourser toutes les serres ainsi que la collection d'assiettes de cette femme, le contremaître avait admis qu'il y avait des cas, notamment lorsque nous prospections à coups de forage, où les économies ne font pas partie des priorités.

Le travail pour SSL était un bon emploi et je demeurai avec l'entreprise jusqu'à ce qu'elle termine de prospecter dans les Cotswolds et dans le Cheshire, où je les suivis. À ce que j'en sais, ils ne découvrirent jamais ni pétrole ni gaz dans le Cheshire et, alors que nous étions là-bas, l'entreprise fut dissolue, et tous les employés, dispersés aux quatre coins du monde pour remplir d'autres tâches.

Mon demi-frère se rendit en Afrique du Sud, et nous gardâmes le contact de manière intermittente et irrégulière pendant quelques années. La dernière fois que j'entendis parler de lui, il s'était marié et avait divorcé plusieurs fois, se retrouvant seul, et dirigeait un bar au Cap, en Afrique du Sud. De toute évidence, son enfance ne l'avait pas préparé à mener une vie adulte plus stable et plus heureuse que la mienne.

13

Lorsque je cessai de travailler pour la compagnie pétrolière, il fut temps de commencer à penser à ce que j'allais faire ensuite. Je n'avais encore rien trouvé lorsqu'un des autres gars me dit qu'il rentrait dans le Shropshire où il y avait beaucoup d'emplois.

— En fait, ajouta-t-il, je connais un vieux qui a un grand domaine. Je crois que c'est un major de l'armée en retraite et il est toujours en quête de garde-chasse. Cela peut valoir le coup. Je peux te déposer là-bas en chemin, si tu veux.

Comme je n'avais pas de meilleure solution, je le remerciai et acceptai sa proposition.

Il commençait à faire nuit lorsqu'il me laissa devant le portail à l'extrémité de l'allée qui conduisait à une imposante bâtisse carrée et très impressionnante. Je le laissai partir et je demeurai là pendant un moment, les doigts serrés autour de la sangle de mon sac, essayant de repousser les souvenirs pénibles de toutes les autres allées qui conduisaient à toutes les autres grandes maisons que j'avais fréquentées dans mon enfance. Puis, je me repris et franchis le portail ouvert. En arrivant à la maison, j'eus un instant d'hésitation parce que je n'étais pas sûr de devoir sonner à la grande porte ou me présenter à la porte de service. Je décidai que je devais avant tout avoir confiance en moi et je soulevai le lourd heurtoir de la porte en chêne massif pour le laisser retomber sur la tête noire d'un chien en fonte.

J'entendis le son résonner dans un grand hall qui paraissait vide, et la porte fut ouverte par un grand homme mince, dans la soixantaine, qui devait être le major en personne ou en tout cas une caricature de tout ce que le monde considère comme l'officier type de l'armée en retraite.

— Bonsoir, monsieur, dis-je d'un ton que j'espérais poli sans être obséquieux. Je me demandais s'il y avait du travail pour moi sur le domaine. Un de mes amis m'a dit que vous auriez peut-être besoin d'un aide pour votre garde-chasse. Je dois vous avouer que ce n'est pas un travail dont j'ai l'habitude, mais je suis capable de faire n'importe quoi.

L'homme me dévisagea comme pour m'évaluer pendant un temps avant de faire un pas en arrière, d'ouvrir grand la porte et de répondre d'une voix agréable et cultivée :

— Eh bien, j'ai peut-être un poste pour un jeune homme robuste comme vous. Entrez et nous en parlerons.

Lorsque je pénétrai dans la maison, je pensais que ce n'était pas le meilleur moment pour frotter une allumette : on aurait pu mettre en bouteille les émanations de whisky de son haleine pour les vendre aux Écossais en mal du pays.

Il me fit entrer dans une pièce tout aussi impressionnante : l'immense tapis était usé, mais il semblait onéreux ; il y avait un fauteuil en cuir brun de part et d'autre de la cheminée et une superbe table à plateau en marbre qui supportait une statue en bronze massif d'un homme avec un fusil entre les mains et un chien à ses pieds.

Nous prîmes place dans les fauteuils en cuir, et le major me posa quelques questions sur moi et sur le travail que j'avais fait. Ensuite, il m'offrit le poste d'aide au garde-chasse et de chauffeur, que j'acceptai sans hésiter.

— Excellent ! lança-t-il en m'adressant un sourire chaleureux et en se levant pour me serrer la main. Bien, comme vous devez avoir tout ce qu'il vous faut dans votre sac, vous pourriez commencer dès demain matin. Je vais vous montrer votre chambre.

Après avoir laissé tomber mon sac sur le sol d'une chambre petite mais confortable, il me guida vers la cuisine, où il me présenta à un homme du nom de Robert, qui me prépara un sandwich et une tasse de thé.

C'était agréable de dormir à nouveau dans un lit moelleux et chaud après toutes ces nuits dans la couchette d'une caravane, et je me réveillai le lendemain matin parfaitement détendu et optimiste. Après un délicieux petit-déjeuner, Robert m'emmena rencontrer le garde-chasse en chef qui était un homme d'une quarantaine d'années du nom de Tom.

Depuis que j'avais découvert la poésie à l'école, ainsi que le fait que j'aimais apprendre, j'ai toujours aimé expérimenter de nouvelles choses, et apprendre à élever et à soigner les faisans ne fit pas exception. La seule partie de mes nouveaux devoirs que je n'aimais pas, et que je n'aimerai jamais, était de tirer sur les corbeaux et sur les écureuils qui volaient la nourriture que nous déposions pour les jeunes faisans et les mâles qui hantaient les bois. Ce qui représentait une autre abomination à mes yeux était que le major insistait pour que nous attachions la tête et les pattes des animaux morts sur les clôtures qui entouraient l'enclos des faisans afin de prévenir les éventuels prédateurs et autres voleurs de nourriture.

Après une enfance où j'avais passé de nombreuses nuits à dormir dehors ou dans des granges, et à errer dans la campagne tout seul, c'était un environnement où je me sentais bien, d'autant que j'adorais travailler à l'extérieur.

Cela faisait plusieurs semaines que j'étais au domaine et je m'occupais des faisans un matin lorsque le garde-chasse s'approcha de moi. D'abord, il ne prononça pas un mot ; il se contenta de me regarder. Mais, lorsque je me relevai pour m'étirer le dos, il déclara :

— Tu apprends vite. Je suis content de la manière dont tu fais ton boulot.

— Merci, répondis-je sans le regarder directement pour qu'il ne voie pas à quel point ses paroles me réjouissaient. Je fais de mon mieux.

— Il y a juste un problème, ajouta-t-il. Tu ne tires pas sur les corbeaux et sur les écureuils. Le major doit être au courant et je ne comprends pas pourquoi il ne m'en a pas parlé. T'a-t-il dit quelque chose à ce sujet ?

— Non, répondis-je. Je ne sais pas pourquoi non plus.

La vérité, c'est que j'espérais que le major n'avait rien remarqué, mais c'était peu probable quand on sait avec quelle satisfaction il comptait souvent tous les misérables petits cadavres attachés aux clôtures des enclos. Même le fait qu'il paraissait m'apprécier n'expliquait pas pourquoi il n'avait pas insisté pour que je fasse ce qu'il m'avait demandé de faire.

Je travaillais sept jours par semaine, mais il n'y avait pas de règles strictes, et les heures étaient plutôt souples, sauf le soir. Tous les après-midi, vers quatre heures, je conduisais la vieille Land Rover jusqu'à la maison, où je me lavais et mangeais un morceau. Robert était parti quelques jours après mon arrivée, et le poste de cuisinier avait été remplacé par une très gentille femme qui vivait dans un village voisin. On m'avait annoncé que je pouvais me préparer à manger chaque fois que j'en avais envie, mais je n'en avais pas souvent besoin parce que la nouvelle cuisinière me laissait souvent de bonnes choses à mijoter sur le poêle Aga.

Vers dix-neuf heures trente, tous les soirs, j'échangeais la Land Rover pour une Austin Westminster. Je conduisais le major à l'un ou l'autre des deux pubs du village, puis je retournais à la maison pour attendre le coup de téléphone du patron du pub qui m'annonçait qu'ils fermaient et que mon employeur, copieusement imbibé, était prêt à rentrer. Lorsque j'avais ramené le major depuis le pub, manœuvré avec dextérité pour lui faire passer le seuil, et garé la voiture, je rentrais par la porte de derrière et je montais me coucher.

Au cours de mon enfance agitée, j'avais appris beaucoup de choses, notamment de toujours faire face à la sortie et de toujours verrouiller la porte de ma chambre. Ce sont des manies qui demeurent en moi aujourd'hui. La maison où j'habite avec ma femme est une véritable forteresse avec de solides verrous de grande qualité, à la fois visibles et dissimulés, sur toutes les portes, ainsi que sur celle de la haute clôture entourant mon jardin. Une enfance marquée par la violence laisse de nombreuses séquelles, et l'idée que quelqu'un puisse me surprendre est l'une des miennes. C'est pourquoi, un samedi dans la nuit, je fus aussitôt aux aguets lorsque j'entendis quelqu'un tourner la poignée de ma porte. C'était peu de temps après les paroles du garde-chasse.

Je me redressai dans mon lit pour tendre l'oreille. Cela recommença. Il faisait trop sombre pour que je distingue la poignée et je ne voulais pas allumer la lampe de chevet, mais le bruit était très net. Quelqu'un tapota sur la porte, et je sentis la sueur glacée dégouliner dans mon dos. Pendant un moment, il n'y eut que le silence, puis le tapotement se transforma en coups, et le major cria en bafouillant d'une voix plus qu'agitée :

— Laisse-moi entrer ! Ouvre la porte !

J'enfonçai mes ongles dans l'intérieur de mes mains serrées et je dus déglutir à plusieurs reprises afin de refouler la panique qui déferlait en moi. Puis, la voix du major devint plus flatteuse et plus saoule, et il agita la poignée en criant à travers la porte :

— Laisse-moi entrer, Peter, je veux te montrer quelque chose.

À cet instant précis, je n'aurais ouvert la porte de ma chambre à personne, même si la maison avait été en feu. Finalement, il renonça, me laissant allongé dans mon lit sans dormir jusqu'au matin, à me souvenir de la pire nuit de toutes les nuits terribles de mon enfance.

Je n'ai oublié aucun détail de ces heures dans la chambre d'hôtel à Oxford. C'est simplement que je n'ai pas été capable d'en parler avant. En outre, même si je n'étais plus un enfant et que j'eusse pu me protéger sans difficulté lorsque le major frappa à ma porte au beau milieu de la nuit, le souvenir me submergea et me troubla si fort que, alors qu'il était déjà en train de trébucher vers sa chambre, mon cœur continua de battre la chamade.

Je n'avais que quatorze ans lorsque le directeur du foyer m'avait appelé dans son bureau pour me dire que j'avais été spécialement sélectionné pour un traitement spécial : le lendemain, je devais aller à Oxford pour assister à un service d'ordination dans une église. Le type qui m'y conduisit était un homme d'affaires local qui était activement engagé dans les activités de l'église du village où nous nous rendions tous les dimanches. Je ne savais pas où se trouvait Oxford et je n'avais pas vraiment conscience de ce que signifiait un service d'ordination. Je sais que cela n'a pas l'air d'être quelque chose de forcément extraordinaire, mais n'importe quelle sortie était bienvenue et je me sentais très fier d'avoir été choisi.

— C'est un honneur, précisa gravement le principal. Veille donc à bien te conduire et fais tout ce qu'on te dit de faire. Et ne nous laisse pas tomber, ou toi non plus.

— Je ne le ferai pas, promis, le rassurai-je.

J'étais inquiet qu'il puisse y repenser et changer d'avis.

Le lendemain matin, le soleil brillait dans un ciel bleu étincelant et je fus debout, lavé et habillé dans mes habits du dimanche avant tout le monde. J'avais l'estomac noué et je n'avais pas faim, mais je m'obligeai à manger un peu du petit-déjeuner au cas où le déjeuner ne viendrait pas à l'heure. Je sentais que les autres garçons étaient envieux et je ne pouvais m'empêcher de savourer le moment et d'imaginer à partir des quelques détails que j'avais obtenus du principal.

— Après le service, nous irons voir un labyrinthe, déclarai-je à tous ceux qui étaient là au petit-déjeuner. C'est le plus grand et le plus beau labyrinthe du pays.

C'était vrai, le principal avait dit que je pouvais aller voir un labyrinthe si nous avions le temps et si je me conduisais correctement, mais je n'avais aucun argument pour affirmer que c'était le plus grand et le plus beau.

— Et nous passerons peut-être la nuit dans un hôtel, ajoutai-je d'un air triomphant.

Je n'avais jamais passé la nuit dans un hôtel.

Alors que nous sortions en file de la salle à manger, je fus appelé pour qu'on me dise que M. Stephen était arrivé dans sa voiture pour me prendre. Il y avait beaucoup de choses à propos desquelles je faisais mine de ne pas me soucier : quand on vit dans un foyer, il vaut mieux ne pas montrer que l'on a un cœur, mais, à cette occasion, je ne me souciai pas de feindre. Je me précipitai vers la porte d'entrée presque en courant et dégringolai les marches jusqu'à la voiture.

M. Stephen m'accueillit avec un sourire en disant joyeusement :

— Bonjour, Peter, tu es prêt ?

Il s'installa derrière le volant de sa grande automobile de luxe et, incapable de réprimer un grand sourire, je me glissai sur le siège passager en cuir. Le moteur venait à peine de se mettre à ronronner qu'il se penchait vers la boîte à gants. Il me tendit un sachet de bonbons en disant :

— J'allais oublier ! Ils sont pour toi.

L'excitation me rendit volubile et, tandis que nous traversions la campagne, à travers les champs et les fermes, je bavardai joyeusement, répondant aux questions que M. Stephen me posait et grignotant les bonbons qu'il m'avait donnés. Je n'avais aucune idée de la distance jusqu'à Oxford et, lorsque je lui demandai combien de temps il nous restait, il sourit et me tapota le genou en répondant :

— Pas très loin. Je suis impatient d'y être, moi aussi.

Je sus que nous étions à Oxford dès que nous arrivâmes, d'autant que le principal m'avait parlé des magnifiques bâtiments anciens. M. Stephen gara la voiture et, posant la main sur mon bras, me dirigea de l'autre côté de la chaussée jusqu'à l'église. Les bancs étaient durs et le service fut long et ennuyeux, mais le fait de rester assis pendant tout ce temps était un prix faible à payer pour un jour de sortie et une nuit à l'hôtel. Lorsque le service prit fin, que nous quittâmes l'église sombre, je fis de mon mieux pour avoir l'air sérieux tout en déclarant que, oui, c'était un bâtiment impressionnant et que le service d'ordination avait été très intéressant.

— Alors, qu'est-ce que tu dirais d'aller manger quelque chose et peut-être de terminer par une glace avant que nous allions voir ce fameux labyrinthe ? demanda-t-il en posant négligemment son bras sur mon épaule alors que nous marchions vers la voiture.

Je pense que le labyrinthe était celui de Blenheim Palace et il était encore mieux que ce que j'avais imaginé. Après avoir déjeuné dans un café, et pendant que M. Stephen buvait une tasse de thé, je courus dans le soleil avec tous les autres enfants qui étaient là et je m'amusai comme jamais. Je n'arrivais pas encore à croire que j'avais eu la chance d'avoir été choisi pour un tel cadeau merveilleux. Cela faisait un moment que je jouais lorsque je vis M. Stephen se lever et scruter le groupe d'enfants joyeux qui se poursuivaient à travers la pelouse. Je compris qu'il me cherchait et je courus vers lui.

— Je pense que nous devons y aller, ne crois-tu pas ? me dit-il en hochant la tête comme si j'avais déjà acquiescé.

Je mis les mains dans mon dos pour croiser les doigts. J'avais déjà passé une si bonne journée que je me dis que ce serait se montrer cupide d'espérer davantage. Mais je ne pouvais m'en empêcher : le séjour à l'hôtel serait la chose la plus excitante qui me soit arrivée, mais j'imaginais aussi à quel point cela rendrait envieux tous les autres enfants du foyer. Alors, lorsque M. Stephens déclara : « Je suppose que tu ne vas pas tarder à avoir faim et nous devons passer à l'hôtel assez tôt pour que tu puisses faire ta toilette avant d'aller dîner », je ne pus réprimer un grand cri de joie. Je courus saluer les enfants avec lesquels j'avais joué et ne pus résister à la tentation de leur annoncer fièrement :

— Je dois y aller. Monsieur…, mon oncle m'emmène passer la nuit dans un hôtel.

M. Stephens gara la voiture dans le parking de l'hôtel et je pris mon petit sac de nuit sur le siège arrière avant de le suivre sur les marches d'un grand immeuble en pierre, dont les fenêtres à meneaux étaient éclairées par la chaude lueur des lampes jaunes. C'est un portier en uniforme rouge cramoisi à boutons dorés qui nous ouvrit la porte et, après que M. Stephens nous eut enregistrés au comptoir de la réception en acajou poli, nous prîmes l'ascenseur pour nous rendre dans une grande chambre à deux lits avec sa propre salle de bains.

Quelques minutes plus tard, après une toilette rapide, nous reprenions l'ascenseur, cette fois pour descendre jusqu'au restaurant qui se trouvait au premier étage. Les tables étaient couvertes de nappes blanches en étoffe épaisse, les couverts étaient en argent et le beurre était façonné en petites spirales rainurées. Le serveur m'appela « monsieur », M. Stephens but du vin et rit aux éclats lorsque je racontai une blague. À la fin du dîner, j'eus l'impression de savoir ce que l'on éprouvait lorsqu'on gagnait au loto.

À notre retour dans la chambre, je me lavai les mains et le visage, me brossai les dents, enfilai mon pyjama et sautai dans mon lit. M. Stephens fit de même (sauf qu'il ne sauta pas sur le lit). Pendant qu'il lisait un livre à la lumière de la lampe de chevet, je sombrai dans un profond sommeil paisible.

Je me réveillai alors qu'il faisait encore nuit noire. Pendant un moment, je ne me rappelai plus où j'étais.

J'avais la sensation qu'il y avait quelque chose de lourd sur mon lit, puis une voix murmura :

— Es-tu réveillé ?

Je me souvins alors que j'étais dans une chambre d'hôtel à Oxford et je compris que cela devait être M. Stephens, fervent pratiquant, entrepreneur et bienfaiteur des enfants défavorisés et perturbés, qui était assis sur mon lit et me parlait. Je dormais sur le ventre. Lorsque je tentai de me redresser, une main me repoussa et je sentis des doigts dans mes cheveux.

— Tout va bien.

La voix de M. Stephens était basse et étrangement étouffée.

— Reste allongé et sois un bon garçon. Ce soir, je vais faire de toi un homme.

J'étais trop terrifié et choqué par ce qu'il me faisait pour émettre un seul bruit. J'avais tellement de mal à respirer que je crus que j'allais suffoquer et mourir, ce qui n'aurait pu être pire que ce qui était en train de se passer.

Dans ce genre de cas, vous vous sentez coupable, comme si c'était votre faute plutôt que celle de la personne qui vous viole. À quatorze ans, j'avais encore un caractère très jeune pour mon âge et je ne compris pas vraiment ce qui m'arrivait. J'avais appris par mes expériences amères qu'il valait généralement mieux obéir aux adultes parce que le fait de me rebeller m'avait toujours valu les pires ennuis. C'est sans doute en partie pour cela que je ne me mis pas à crier et à me débattre pour repousser M. Stephens, d'autant qu'il était plutôt fort. Il me faisait mal et j'étais dans un état de choc.

Lorsque tout fut terminé, il retourna dans son lit et je me remis sur le dos, attrapai les couvertures qui formaient un tas au pied du lit et les tirai jusqu'au menton. Je ne me rendormis pas et, dès qu'il fit jour, je me levai, m'habillai, emballai mes quelques affaires dans mon sac et m'assis sur le lit pour attendre que M. Stephens se réveille et me ramène dans la sécurité du foyer pour enfants.

Je ne parlai à personne de ce qui était arrivé. Qu'aurais-je pu dire alors que je ne le comprenais pas vraiment moi-même ? À la vérité, je savais par expérience que toutes les plaintes se terminent par des punitions parce qu'on pense que vous mentez.

Après ce jour, quelques autres garçons furent récompensés par une sortie avec M. Stephens et, à leur retour au foyer, je les voyais me regarder d'un air vaguement interrogateur. Ils tournaient aussitôt le visage si je leur rendais leur regard, et ils laissaient échapper un commentaire, qui ne s'adressait à personne, pour affirmer qu'ils étaient des durs et qu'ils n'étaient pas le genre de garçons à supporter les idioties ou à demander de l'aide à autrui. Je ne dis jamais rien, mais je savais parfaitement ce qu'ils éprouvaient.

Je ne suis jamais retourné à Oxford depuis ce jour-là, et j'ai porté le poids terrible de ce viol pendant cinquante-six ans. Encore aujourd'hui, lorsque j'entends parler de gens qui ont été violés dans leur enfance et étaient trop effrayés pour en parler ou, pire, ignorés lorsqu'ils en parlaient, j'en ai les larmes aux yeux et mon cœur me fait mal. Aucune sanction n'est trop sévère pour quelqu'un qui détruit ainsi la vie d'un enfant.

Lorsque le major frappa à ma porte au beau milieu de la nuit, des années plus tard, cela fit remonter dans ma tête des souvenirs que je ne voulais pas me rappeler. Cependant, cette fois, je n'étais plus un garçon sans défense et terrorisé auquel on avait martelé pendant douze ans que ne pas faire ce que les adultes vous disent de faire est le moyen le plus sûr de vous attirer des ennuis ; j'étais moi-même un adulte, un ancien marin et un ancien soldat, et je savais me défendre. En dépit de tout, lorsque le major frappa à la porte, je redevins d'emblée un petit garçon terrifié et perturbé. J'eus l'impression que la confiance avait été brisée et je sus que je ne pouvais rester là.

Le lendemain, lorsque je racontai à Tom ce qui s'était passé, il haussa les épaules et me lança un étrange regard.

— Je croyais que tu étais au courant. Je croyais que tout le monde était au courant. C'est impossible de garder ce genre de choses secrètes dans une petite communauté comme la nôtre. Je veux dire… C'est évident, non ?

Cela n'avait pas été « évident » pour moi.

Je donnai ma semaine de préavis à Tom, qui annonça au major que je partais, puis je pris le train de Southampton jusqu'à la petite ville des Cotswolds qui était le seul endroit où je me sentais chez moi.

14

À la fin de ma première journée de retour dans le Gloucestershire, j'avais loué une chambre et, le lendemain, trouvé un travail comme chauffeur pour une entreprise de transport.

Je n'occupai pas longtemps cet emploi : je n'avais pas le cœur ou les tripes à conduire les animaux à l'abattoir, la tâche qui m'était parfois assignée. Mais c'étaient les années 1960 et le travail ne manquait pas : le lendemain de ma démission, je trouvai un poste dans une fonderie de la région.

Ensuite, l'envie de bouger me démangea à nouveau et je devins moniteur d'auto-école avant de travailler dans le génie civil, puis de livrer des autocars à Bâle, en Suisse, et de conduire des autobus pour le East Kent Bus Service à Folkestone...

Si j'ai apprécié pratiquement tous les emplois que j'ai occupés, je ne semblais pas être capable de m'établir. Je m'étais acheté une Humber Hawk d'occasion, ma joie et ma fierté, et, lorsque l'épouse d'un ami me demanda un jour de la conduire dans le Cheshire, j'acceptai. Elle voulait rendre visite à une de ses amies, une veuve avec deux fillettes, qui venait de sortir de l'hôpital où elle avait subi une traction vertébrale parce qu'elle avait un disque déplacé.

Il est étrange à quel point les événements s'enchaînent parfois pour bouleverser le cours de votre existence à partir d'un détail aussi simple que de rendre service à un ami.

Nous partîmes tôt un samedi matin de septembre 1969 et arrivâmes devant une maison jumelée à Cheadle Heath, une banlieue de Stockport, vers neuf heures et demie. Lorsque mon amie frappa à la porte, elle fut ouverte par une femme que je reconnus immédiatement : je ne l'avais jamais vue, mais, lorsque je la regardai ce matin-là, sur le seuil de sa maison, ce fut comme si je laissais échapper une respiration longtemps contenue. Je sus que j'avais trouvé ce que j'avais passé ma vie à chercher sans jamais être conscient que c'était ce que je voulais.

Anne nous prépara du thé et me présenta à ses filles, Martine et Michelle, et je passai un moment de contentement absolu à écouter les deux amies évoquer le passé et l'avenir qui les attendait.

Qu'est-ce qui fait que deux personnes tombent amoureuses ? De la chimie ? De la biologie ? Existe-t-il vraiment une âme sœur pour chacun de nous ? Personne ne connaît les réponses à ces questions et, pour autant qu'on le sache, l'amour peut tout aussi bien être contrôlé par Cupidon et ses flèches. Ce qui est encore plus stupéfiant, c'est que, lorsque je suis tombé amoureux ce jour-là, en emmenant mon amie à Stockport et en découvrant la femme de mes rêves, c'est que celle-ci tomba aussi amoureuse de moi.

Anne et moi nous mariâmes moins de quatre mois après avoir échangé ce premier regard, et j'eus alors l'impression que j'avais trouvé mon chez-moi et que je pouvais enfin commencer à vivre.

Je ne sais comment (je ne m'en souviens pas, c'est peut-être moi qui le leur ai dit), mon frère et mes sœurs apprirent que j'avais l'intention de me marier. Pendant un temps, le téléphone semblait sonner sans cesse parce qu'ils m'appelaient pour me décourager. Leur opposition initiale n'était rien en comparaison de leur réaction uniformément hystérique lorsque je leur confiai qu'Anne était veuve avec deux petites filles. Je ne compris pas pourquoi ils étaient si réticents à la perspective de notre mariage, mais leur avis m'intéressait encore moins.

À l'exception du jour où mon frère avait menacé mon père et Flossie d'alerter la police s'ils continuaient de me maltraiter, et la fois où il m'avait forcé à baisser la tête parmi les légumes du potager pour me cacher alors que mon père me poursuivait avec sa hache, personne de ma fratrie n'avait jamais levé le petit doigt pour m'aider au cours de ces vingt-sept années. Le seul contact que j'avais eu avec eux avait été lorsque l'une ou l'autre de mes sœurs m'invitait chez elle pour m'emprunter de l'argent. « Emprunter », disaient-elles, mais je savais aussi bien qu'elles que je n'en reverrais jamais un seul sou.

Pour notre mariage, Anne et moi ne reçûmes pas une carte ou le moindre morceau de papier avec un message de vœux griffonné à la hâte par les membres de ma famille. Anne ne comprenait pas leur attitude et, pendant des années, elle se sentit responsable du fossé qui s'était creusé entre nous. Mais ce n'était pas du tout sa faute : elle n'avait jamais connu le genre de méchanceté dont ma famille était capable, et elle ne pouvait donc pas comprendre non plus que, en fait, c'était une excellente chose que nous n'ayons aucun contact avec eux. La vérité, c'était que, partout où ils allaient, ils semaient la haine et rien d'autre.

Au fil des années avant que je rencontre Anne, il m'était arrivé de me sentir déprimé et d'imaginer que je tuais Flossie et mon père, non pas pour ce qu'ils m'avaient fait, mais pour avoir, selon moi, rendu ma mère si malheureuse et s'être montrés si indifférents lors de sa mort. Lorsque j'y repense, je trouve cela assez bizarre, mais, à l'époque, c'était suffisamment réel à mes yeux. Je ne sais pas ce qui aurait pu se passer si je n'avais pas rencontré Anne.

Peu importe ce qui nous arrive, la cruauté et les épreuves que nous devons affronter, nous demeurons responsables de nos propres actes et de la manière dont nous menons notre vie. Il est toujours facile de faire peser la responsabilité sur les autres, mais je sais que j'ai eu le choix, tout comme Flossie et mon père ont eu le choix de se comporter comme ils l'ont fait.

En leur voulant du mal, je me serais fait beaucoup plus de mal à moi-même. J'avais donc de nombreuses raisons d'être reconnaissant d'avoir rencontré Anne et d'avoir choisi chacun des chemins qui finirent par me guider jusqu'à sa maison ce jour de septembre.

En épousant Anne, je prenais un nouveau départ et je faisais le premier pas vers l'avenir dont j'avais toujours rêvé. Je tirais un trait sur les malheurs de mon enfance et reléguais tous les souvenirs fermement et irrévocablement dans le passé – et le passé est l'endroit où ma famille doit rester.

Au début, nous continuâmes à habiter dans la maison d'Anne à Stockport et je décrochai un emploi à l'usine de laminage d'acier de Bredbury. Au cours de mes années d'activité, j'ai occupé plus de soixante emplois (je n'ai jamais trouvé de remède à mon agitation), mais celui-là fut sans conteste le plus dur. Par conséquent, un samedi de juin, alors que nous étions mariés depuis cinq mois, nous fîmes monter les filles en voiture et nous dirigeâmes vers le Gloucestershire pour chercher une nouvelle maison. À la fin de la journée, nous avions réglé cinquante livres pour retenir un pavillon tout neuf de deux chambres et, lorsque nous emménageâmes six semaines plus tard, je commençai un emploi passionnant et très bien payé dans une entreprise qui fabriquait des voitures et des scooters électriques pour les handicapés.

Parfois, lorsque nous étions tous ensemble autour de la table du dîner ou que les filles avaient la tête penchée sur leurs devoirs pendant qu'Anne et moi exécutions de petites tâches dans la maison, je les regardais et je sentais les larmes d'émerveillement et de gratitude me monter aux yeux. Avant mon mariage, j'avais eu des amis, des emplois que j'aimais et j'avais vu davantage le monde que ce que j'aurais pu le croire, mais je n'avais jamais rien eu qui fût vraiment *mien*. Je savais qu'il me manquait la chose la plus importante au monde, quelqu'un qui se souciait profondément de moi. Et voilà qu'en l'espace de neuf mois, j'avais tout ce que j'avais toujours voulu : une famille que j'aimais avec une passion féroce et protectrice.

Un jour, lorsque les filles se furent adaptées à leur école et que notre vie était devenue confortable et satisfaisante, je demandai à Anne ce qu'elle pensait de l'idée que j'adopte officiellement Martine et Michelle. Je ne sais pourquoi, mais je m'étais mis à me demander ce qui se passerait si Anne et moi mourions en même temps, dans un accident de la route, par exemple, et la pensée que ma part de tout ce que nous possédions pouvait revenir, non pas aux filles, mais à mon père s'il était toujours en vie ou à mes sœurs et mon frère me remplissait d'un désespoir presque physique.

Anne accepta sur-le-champ d'en parler à Martine et à Michelle, ce que nous fîmes plus tard le même jour en employant des mots qu'elles pouvaient comprendre.

À l'époque, Martine avait douze ans et, après avoir écouté ce que nous avions à dire, elle refusa d'être adoptée. J'étais déçu, mais je comprenais ses raisons parce que cela ne faisait que quatre ans qu'elle avait perdu son père et elle n'était pas prête à franchir ce qu'elle voyait comme un grand pas, même si elle admettait les raisons d'ordre pratique.

Michelle, qui n'avait que huit ans, accepta volontiers. Ses souvenirs de son père étaient peut-être moins nets que ceux de sa sœur, et ce qui importait pour elle était sans doute le sens d'appartenance. Dans ce cas, c'était un sentiment que je ne comprenais que trop bien. Je remplis donc les papiers pour l'adoption de Michelle, mais, que l'une fût adoptée et l'autre pas, cela ne fit aucune différence par rapport à ce que je ressentais pour elles : pour moi, elles étaient toutes les deux mes filles et je les aimais et je voulais le mieux pour elles.

Martine avait son caractère et, souvent, elle ne prenait pas le chemin que sa mère ou moi aurions choisi pour elle, ce qui se produisit notamment lorsqu'elle avait seize ans. Elle et son petit ami décidèrent de se marier. Dire qu'Anne et moi n'étions pas enthousiastes à la nouvelle serait peu dire, mais nous finîmes par nous rendre à ses arguments, et Martine épousa son ami.

En mai 1982, Martine fut victime d'une rupture d'anévrisme, alors que l'aîné de ses trois fils n'avait que sept ans. Le 22 de ce mois-là, son mari donna son accord pour qu'on débranche l'appareil qui la maintenait en vie. Ce fut un jour terrible pour nous tous.

Après le décès de Martine, son mari ne fut pas en manque d'offres d'aides pour élever ses trois fils, mais il préféra les confier, une décision qui brisa le cœur d'Anne pour la deuxième fois. Moi aussi j'étais anéanti, mais, en réalité, je savais que ce n'était pas la pire décision qu'il aurait pu prendre. J'avais appris de mes propres expériences que, bien que grandir dans un foyer pour enfants ne soit pas une chose que vous souhaiteriez à n'importe quel enfant, sans parler d'un enfant de votre propre famille, c'est parfois le moindre de deux maux.

Près de deux ans après la mort de Martine, je travaillais comme technicien d'entretien sur des chariots élévateurs dans une grande usine de nourriture pour animaux quand je reçus un coup de téléphone de Flossie. Au début, je ne compris pas de qui il s'agissait, comme si mon esprit l'avait bloquée entièrement. Lorsqu'elle déclara : « C'est Flossie, ta belle-mère », j'eus du mal à me faire une image de la personne qui était à l'autre bout du fil. Elle dut deviner que cela ne me disait rien, ou peut-être crut-elle que je feignais, parce que c'est sur un ton irrité qu'elle annonça :

— Ton père est très malade ; tu ferais mieux de venir.

Les mots « Je m'en fiche, je ne veux rien savoir » s'étaient déjà imposés dans ma tête, mais, au lieu de les prononcer, je dis à Flossie qu'Anne et moi viendrions le soir même.

Lorsque nous arrivâmes au pavillon de Cheltenham, elle nous fit entrer dans ce qui avait été ma chambre alors que j'avais occupé mon premier (bref) emploi comme apprenti forgeron. Flossie avait l'air épuisé, les traits tirés, mais je ne trouvai rien dans mon cœur pour la prendre en pitié. En fait, je ne ressentais absolument rien pour elle, pas même la haine que je croyais éprouver à la voir et au souvenir de la souffrance qu'elle m'avait imposée à partir de l'âge de deux ans.

Mon père avait effectivement l'air très malade. Alors que je me tenais debout à côté de son lit avec ma femme, il ne cessait de s'excuser, affirmant à quel point il regrettait tout ce qui s'était passé et la manière dont il m'avait traité lorsque j'étais enfant.

En général, je suis plutôt dans l'empathie. Les problèmes des autres me troublent et je fonds en larmes lorsqu'on me raconte des histoires de maltraitance à l'égard des enfants et des animaux : mais là, je ne ressentais rien en baissant les yeux sur mon père allongé sur son lit de mort.

— Ne t'en fais pas, répondis-je.

Je ne voulais pas entendre ces mots à présent qu'il était beaucoup trop tard pour qu'ils aient une quelconque signification.

— Ne t'en fais pas, cela n'a plus d'importance.

Nous ne restâmes pas longtemps et, après avoir dit au revoir, je m'agrippai à la main qu'Anne me tendit et je quittai la maison de mon père pour la dernière fois.

Trois jours plus tard, j'étais au travail lorsqu'on m'appela au bureau pour me dire que quelqu'un me réclamait. Je pense que je savais exactement de quoi il s'agissait, mais je n'étais pas prêt à voir le messager : ma demi-sœur, la petite reine, debout dans le bureau de mon lieu de travail.

— Il est mort, se mit-elle à gémir dès que j'entrai dans la pièce. Notre père est mort !

Sur ce, elle éclata en sanglots comme un petit enfant.

Je sais qu'elle était vraiment triste. Même si nous avions été enfants en même temps, son enfance avait dû être très différente de la mienne. Je me demande ce que les gens du bureau ont pensé quand ils ont vu que je ne faisais pas un geste pour la réconforter.

Je restai à une certaine distance d'elle, près de la porte, et lui annonçai qu'Anne et moi serions présents aux funérailles. Puis je la laissai là et je retournai travailler.

Lorsque Martine est morte, je ne la connaissais que depuis douze ans, mais je l'avais aimée comme ma fille. Longtemps après sa mort, je me retrouvais en train de faire quelque chose dans la maison ou au travail quand la peine déferlait soudain en moi au point de ralentir mon cœur, comme si une main invisible était entrée dans ma poitrine pour le frapper.

En revanche, l'annonce de la mort de mon père me laissa de glace. On dit qu'il y a une partie spéciale du cœur qui est réservée à l'amour de vos parents ; si tel est le cas, la partie en moi où aurait dû se trouver l'amour de mon père a dû s'atrophier et se pétrifier il y a longtemps. Ce fut la même chose lors de la mort de ma sœur aînée, quelques années plus tard : je n'éprouvais rien. Toutefois, ce n'était pas tout à fait pareil parce que, si je n'avais aucune raison de l'apprécier, je ne l'avais jamais haïe.

Pour finir, je ne me rendis pas à la messe pour mon père. J'allai simplement avec mon frère à la chapelle de Cheltenham, où nous nous comportâmes de la manière totalement inappropriée mais cathartique que j'ai évoquée au début de mon histoire. C'est la dernière fois que je vis mon frère.

Nous nous parlâmes à quelques reprises au téléphone, mais nous n'avions pas grand-chose à nous dire parce que nous n'avions rien en commun, si ce n'est le fait que nous avions eu la même belle-mère et le même père diaboliques, une chose que nous voulions tous deux oublier.

Par quelque caprice du destin, ou peut-être délibérément (je ne le saurai jamais), peu après la mort de mon père, Flossie acheta une maison dans le lotissement où nous vivions, Anne et moi. Nous l'évitâmes et elle déménagea rapidement de nouveau pour aller vivre près de son fils aîné. Nous n'eûmes aucune nouvelle jusqu'à sa mort (dans une maison de retraite), et son fils divisa ce qui restait de son argent entre nous tous. Je reçus cinq cents livres, que je remis à Michelle. Je n'aurais pas gardé un seul sou : je n'avais désiré qu'une seule chose de la part de Flossie, mais c'était soixante ans trop tard.

Une fois que j'eus épousé Anne, la haine que j'éprouvais pour mon père et ma belle-mère s'évanouit très simplement. Parfois, j'essayais de la faire renaître en pensant aux pires actes qu'ils m'avaient infligés lorsque j'étais enfant, mais, je ne sais pourquoi, cela ne fonctionnait pas. Lorsque j'eus une famille à moi, Flossie et Harold ne m'importaient plus, et je compris que, si je les haïssais effectivement, cette haine se propagerait en moi comme un cancer, étalant son poison sur toutes les bonnes choses de ma vie et, pour finir, je serais celui qui en souffrirait le plus.

C'est ma fille Michelle qui m'a incité à raconter mon histoire. Fillette ravissante, elle a grandi pour devenir une femme merveilleuse. Elle travaille dans un centre de soins et c'est lors d'une session de formation qu'on lui demanda de raconter brièvement la vie de l'un de ses parents.

— La vie de maman est normale, me dit-elle. Alors, j'ai besoin de connaître la tienne.

C'est ainsi que je me suis mis à l'écrire. Je n'aurais jamais pu la raconter sans le soutien de ma femme et de ma fille, et elle continuerait à tournoyer dans ma tête comme un secret destructeur.

J'avais déjà soixante-neuf ans lorsque j'ouvris les vannes. Bien sûr, je n'oublierai jamais ce qui m'est arrivé dans mon enfance, mais j'ai au moins accepté le fait que je n'y étais pour rien. Je n'ai rien fait qui méritait le traitement que m'ont infligé mon propre père et sa nouvelle femme. Aucun enfant de deux ans n'est délibérément méchant, perverti, et aucun enfant n'est naturellement indigne d'amour. Hélas, il ne suffit pas de le savoir pour le croire.

Personne ne surmonte jamais une enfance malheureuse à ce point et on ne sait jamais quand un souvenir du passé va vous briser les ailes. Certains qualifient ces souvenirs de « flash-back » : qu'importe, j'ai appris au fil des années à éviter certains déclencheurs, par exemple le fait de lire des articles dans les journaux ou d'écouter à la radio des informations qui concernent des horreurs perpétrées sur des enfants.

En outre, le fait d'écrire ce livre m'a aidé aussi parce que cela m'a permis de retrouver le passé pour le contenir, et de me concentrer sur le présent et l'avenir.

Il y a trente ans, j'ai commencé à écrire des poèmes pour les enfants, dont certains ont été diffusés à la BBC lors de l'émission *Poetry Corner* pour les écoles, et certains ont été publiés dans des anthologies poétiques. Aujourd'hui, j'écris des poèmes pour les adultes, et pour moi, parce que c'est une manière d'exprimer des émotions que j'ai du mal (ou que je n'arrive pas) à affronter.

Après plus de quarante ans de mariage, Anne demeure le centre de mon monde. Michelle est devenue mère et je suis un mari, père et grand-père fier de sa famille (que je couve comme personne). La maison où vivait Flossie avant la mort de ma mère a été détruite il y a des années et le site a été transformé en terrain de jeux et de pique-nique pour les enfants en difficulté. Il arrive que le mal produise du bien !

Je continue de ne pas me sentir totalement en sécurité malgré tous les verrous et les dispositifs que j'ai installés dans la maison et le jardin. Et je ne m'assieds jamais le dos à la porte. Toutefois, ce sont de vieilles habitudes que j'ai accepté de ne jamais changer. Je sais qu'il n'y a rien dont je peux vraiment avoir peur.

Une autre chose irrationnelle mais irréversible est que, alors que je n'avais que deux ans lorsque ma mère est morte, je regrette toujours de n'avoir rien pu faire pour elle. Je ne sais pas ce qu'elle aurait souhaité pour moi (certainement pas l'enfance que j'ai eue), mais j'espère qu'elle aurait voulu que je sache ce qu'était être aimé et aimer. Si tel est le cas, elle peut reposer en paix.

Annexe

Un garçon parfait

Levé à l'aube, heureux toute la journée,
Pas un seul mot vilain, seulement
sourire et jouer.

Voilà qu'enfin le soleil tombe derrière les bois,
J'ai été parfait, et fort heureux de savoir ça.

Mon lit m'attend bien frais, au linge fin et beau,
Surtout dire ses prières avant de faire dodo.

Je sais que jusqu'à l'aube, au lever du soleil,
Aucun vilain cauchemar
ne gâchera mon sommeil,

Car Morphée me tiendra
dans ses bras jusqu'au matin,
Et j'entendrai le chant des grives
aux lilas du jardin.

Jardin de poèmes enfantins,
Robert Louis Stevenson, Circé & Oxymoron, 2006.
Traduit de l'anglais par Jean-Pierre Naugrette.

Le ruisseau

Je prends mon élan de là-bas
Du héron je viens des repaires,
Et je miroite au milieu des fougères,
Pour aller au vallon prendre mes doux ébats.

D'une trentaine de collines,
Je descends vite en frétillant,
Et je me glisse heureux et sémillant
Au village, à la ville, et sous ponts et ravines.

Jusqu'à ce qu'enfin dans mon cours,
J'arrive au galop chez Philippe,
Noyer mes eaux au fleuve que j'agrippe :
L'homme va, l'homme vient, mais moi je vais toujours.

Je viens, j'accours au rendez-vous,
Et sur mon chemin je babille
En mi bémol, et je m'essaye au trille
Et je tourne où l'eau tourne,
Et je cause aux cailloux.

Comme un méandre, j'en fais gloire,
Je rôde et me glisse partout,
À travers champs, des fleurs humant le goût
Et côtoyant sans peur maint petit promontoire.

Oui, moi je babille en mon cours
Pour vite rejoindre le fleuve,
Au galop, au galop, sans que rien ne m'émeuve ;

L'homme va, l'homme vient,
Mais moi je vais toujours.

D'une crique faisant mon gîte,
J'en sors escortant une fleur,
Et quelquefois prête à mourir de peur
À dada sur mon dos, je porte dans ma fuite.

Une truite. Avec des brisants argentins
Tantôt gentiment je voyage,
Les égayant de mon doux caquetage,
Et sur un sable d'or promenant leurs destins.

Et je les entraîne au village
Rejoindre le fleuve en son cours,
Car moi je vais, je vais, je vais toujours,
L'homme va, l'homme vient ;
– moi qui n'ai point de chômage.

Alfred Tennyson
Simples poèmes à l'usage des Écoles nationales du dimanche,
recueillis par Mme Anna H. Potts et traduits de l'anglais
par le chevalier de Chatelain, A. Franck, Paris, 1857.

Remerciements

Merci à Michelle, ma fille, qui m'a, la première, encouragé à emprunter le difficile chemin pour écrire mon histoire secrète ; à ma femme, Anne, qui m'a aidé chaque fois que j'ai eu des difficultés à coucher mes souvenirs sur le papier ; et à Jane, qui a délicatement classé ma bibliothèque désordonnée de souvenirs et de pensées pour leur donner un sens.

Chez le même éditeur

J'étais leur petit jouet
Maria Landon

Ils ont brisé nos vies...
Terrie et Paul Duckett

Pourtant, je leur avais dit...
Cassie Hart

Non papa, non...
Stuart Howarth

Ils ont volé mon enfance
Marie R. avec Annick Pellerin

Si seulement j'en avais parlé...
Esther W.

Pourtant, maman savait...
Lisa James

Ma mère, mon cauchemar
Alexander Sinclair

L'enfant qui n'existait pas
Rosie Lewis

La petite fille qui criait au secours
Casey Watson

Nous étions ses petits prisonniers
Casey Watson

J'étais sa chose
Nabila Sharma

Pourquoi m'ont-ils fait ça ?
Anya Peters

Pourquoi personne ne m'a aidée ?
Jackie Holmes & Toni Maguire

J'étais leur petite esclave
Megan Stephens

Qui peut me sauver ?
Sophie Young

Le soir quand je me couche...
Eileen Munro

Ne dis rien à personne
Marianne Marsh & Toni Maguire

L'enfant que personne n'aimait
Casey Watson

J'étais sa petite prisonnière
Jane Elliott

Des récits émouvants d'enfances volées,
des histoires pleines d'espoir d'une lutte pour la vie.

www.city-editions.com